JN088786

「尚友ブックレット」第七号 ―目次―

【解題】

社団法人　尚友倶楽部
常務理事　阪谷芳直

一

「尚友ブックレット」(憲政資料シリーズ) 第7号として、今回は『柴山景綱事歴』を取り上げることとした。

明治維新史の上で、避けて通ることのできない重要な事件である文久二年の「寺田屋騒動」を叙述する際の資料として、常に引用されるものが山崎忠和の『文久物語・一名寺田屋騒動』(明治三十四年二月、国光社刊) であるが、その「敍言」には次の通り記されている。

柴山景綱翁は、薩南の人、今ま年七旬に幾《ちか》く、壮より老に及んで、王事に勤むるを以て心とす。曽て文久年間、此の物語なる、寺田屋騒動に関し、具《つぶさ》に実歴を閲す。又著述を好み、多年王事を共にしたる、志士の事歴を按じ、記録少なからず。此頃、挙《あげ》てこれを贈らる。これ此の物語を編するを得たる所以也。編中の事実、翁が当年目撃耳聞するもの多し。翁真に誠実謹厳の人、事実を明白にし、絲毫も忽《ゆるがせ》にせざる風あり。此の事や、此書以て後世に誇るに足る。但し事実の按排、叙事の断論のごときは、著者独りこれに任ず。而して、その按続せざるところは、他の書籍に就て、これを補綴す。故に若し誤謬の存する有れば、則ち著者の拙劣に帰せずんばあらず。世の識者、幸に忠告の労を惜るるなくんば、更に訂正修補し、以て後世を過らざるべしと云爾。

明治三十三年八月

著者識

ここには、『文久物語』自体が専ら柴山景綱の記録に依拠して書かれたものであることが述べられているばかりでなく、薩摩藩士で尊王の志士として活動し、維新後明治政府の中央地方の吏僚として誠実に生きた柴山景綱が、著述を好み、自ら体験見聞した多くの事柄を丹念に記録してきたこと、記録に際しては「事実を明白にし、絲毫も忽にせざる風あり」という態度であったことが明記されているが、柴山景綱が遺した多くの記録の中で、「柴山景綱事歴」は、彼の詳細な自伝的記録であると同時に、内容的にも多くの貴重な歴史的事実が提示されている点で、近代日本政治史に関する非常に重要な文献ともいい得るものである。

ところで、この「柴山景綱事歴」は、明治二十二年四月に設立された史談会によって編集発行されていた「史談会速記録」誌に、第六十輯（明治三十年十二月発刊）から第七十九輯（明治三十二年五月発刊）にかけて十六回に分けて連載されたもので、本文は長短併せて八十四篇からなるが、今日まで一冊に纏められて単行本として出版されたという事実を、私は寡聞にして知らない。「史談会速記録」は、原書房によって、その合本復刊が行われ、昭和四十六年七月発刊の第一回配本に始まり合本44をもって完了している（「柴山景綱事歴」は、この中合本11〈昭和四十七年六月刊〉から合本14〈昭和四十七年九月刊〉にかけて収載されている）が、研究者以外の人々の目を引くタイプの刊行物とはいい難いものであるため、一般の読者が「柴山景綱事歴」に読物として興味を覚え、また史料としての価値をも認める機会は、これまで得られなかったといってよいであろう。今回「尚友ブックレット」第7号にこの「柴山景綱事歴」を取り上げ紹介することとした理由も、こうした機会を、研究者を含め広く一般の読者にも提供したいと考えたことにある。

二

「史談会」とその機関誌「史談会速記録」については、昭和四十六年七月に原書房から復刻刊行された『史談会速記録（全四十六巻）（合本1）』に、吉田常吉氏（元文部省維新史料編纂官・東京大学教授、明治大学講師）による「史談会速記録 解題」が附せられおり、また「史談会速記録」（第九輯）に史談会幹事長の金子堅太郎が明治二十六年五月十三日の史談会大会で行った「会務の報告」が載っているので、これらに依って、以下に説明して置きたい。

明治二十三年（一八九〇）七月、海外出張から帰朝した金子堅太郎は、内閣総理大臣山縣有朋、宮内大臣土方久元に対して、宮内省内に国史編纂局を設けることを建議した。これは金子が欧米の議会制度を視察して国史編纂の必要を痛感した結果であったが、政治的理由から伊藤博文が国史編纂どころか維新史料の蒐集にも反対し、金子の建議は実現しなかった。その後二十余年の歳月を経て、漸く維新史料編纂会の官制が公布され、明治四十四年（一九一一）五月に文部省内に維新史料編纂会事務局が設置されて、国家としての維新史料の蒐集が軌道に乗ったのであった。

しかしながら、上記の金子の建議に先だって、既に明治二十二年（一八八九）四月、民間の有志者が「史談会」を設立して活動を開始しており、ここから編集発行されたのが「史談会速記録」であった。そして、この「史談会」には金子自身も深く係わっていたのである。なお、この「速記録」は、明治二十五年（一八九二）九月の第一輯発行から、昭和十三年（一九三八）四月発行の第四一一輯まで延々半世紀近い期間発行され続けた。

「史談会」の成り立ちを多少詳しくいえば、明治二十一年（一八八八）七月に、宮内省から島津・毛利・山内・徳川の四家に対する、嘉永六年（一八五三）以降明治四年（一八七一）に至るまでの間、それぞれの旧藩において国事に鞅掌した始末を調査し、向う三ヵ年の間に編成するようとの御沙汰と補助費として毎年一千円の御下賜とが伝えられたのを機に、四家の編集委員たちが、すでに調査に従事中であった三条・岩倉両公の実歴取調委員と星ケ岡に会合した際、これを「史談会」と名づけた。これが「史談会」の始まりで、その後これら十数名の編集委員たちが引続き会合して会則を作成したが、その第一条には次の通り会の目的が明記されている。

「本会は史談会と称し各家編集員相会し嘉永癸丑年前後国事に関する内外の実蹟を談話討究し編輯史料と為すを目的とす」

次いで、宮内省は、明治二十二年（一八八九）七月に、徳川家達公、浅野長勲侯、徳川義礼侯、松平茂昭侯、松平容大子、松平定敬子の六家に、二十三年（一八九〇）十二月には、池田章政侯、鍋島直大侯、細川護久侯、伊達宗徳侯、黒田長成侯、池田輝博侯の六家に対し、維新の史料を取束ねて差し出すようにという御達しを伝えてきた。このような達しは拡がって維新史料を宮内省に差出すよう求められた華族は、二十六年五月の「史談会大会」における幹事長金子堅太郎の報告の時までに二七九家に達した。こうした家々が

「史談会」の通常会員となった以外に、宮内省の達しを受けぬ維新の功労者にも助力を得なければ会の目的を達し得ないので、六十八名の人に名誉会員になって貰い、会に出席、或いは自宅において維新史料となる史談を聴くという道を開いた。金子堅太郎は報告のなかで、こう述べている。

「……今日までの成蹟は、先づ第一には近世歴史綱領と云ふものを作って材料蒐集の方法を知らしめ、第二は宮内省より二百七十九家の華族に命ぜられたる事、第三には名誉会員六十二名が御承諾になって居る事……」

「……其速記会を開きたること五十九回、速記録を調整して史談会に集って居る事六十八冊、其中印刷に附したる者二十四冊、まだ四十四冊と云ふものは本会に於て印刷はせずして校正中でござります。是れも遠からず配布するであります。応答対話を致されたる人の数は三十八名。此れが今日まで史談会が此歴史の材料蒐集に尽くしました所の事務の概略の報告でござります。」

吉田常吉氏は、「解題」の中で、「当時は維新を去ること二十余年にすぎず、幕末から維新へかけての激動期を実際に体験した者も少なからず存命していた。したがって比較的早い発行年代の速記録には、こうした古老の実歴談が多く載っている。……こうした当事者の体験談はまず第一に目を通さなければならない貴重な史料であって、史実の検討や批判はそれからである。速記録に載せるところは、古老の実歴談でなければ、旧藩の史料を検討した上での史談である。しかしこうした実歴談なり史談なりは、とかく勤王方の国事鞅掌談になりがちであるが、本書にはそのような偏頗なところがない。……本書は勤王・佐幕を問わず、公正に採りあげている。……」と記しているが、厖大な「史談会速記録」は、幕末維新史の研究者には勿論、これに関心を抱く者にとっても高度の利用価値のある書物であろう。

三

「柴山景綱事歴」は、「史談会速記録」第六十輯から「附録」として連載されるに至るが、これに先だって、明治二十九年十月十三日刊行の第四十八輯に、同年八月二十二日の会合における寺師宗徳の報告が掲載されている。その中で寺師は次のような柴山景綱に関する紹介と共に「実歴」の一部を読みあげている。

「次に鹿児島県人柴山景綱と申す人の事歴がござりますが、今年六十三で中々確な人物で有ますが始終病気勝で気の毒でござります。氏は文久三年彼の有名な寺田屋一件の時は親分株で、今の西郷従道氏抔《など》は、柴山さん柴山さんと言って居て兄株の人であったので有ます。彼の奈良原繁抔《など》と一緒に遣った連中で有ます。ところが奈良原氏は時運に際会して男爵となったが、柴山氏は只今官にも就かず、世に顕はれず、僅かに恩給位で小田原に閉居して居る様な事で、昔の同輩も世話もせず、彼是《かれこれ》して埋れ果てて居らるるのは誠に気の毒で有ます。今度奈良原氏から柴山氏の事歴を書いて出して貰ひたいと云ふ事を請求して来て、[柴山氏は]ドウいふ主意か分らぬけれども、朋友の親切を無にもせられぬから一通りの物を書いて送ったが、其中に最も肝腎と思ふ事を書いて廻すから間違があるならば直して呉れ、文章は児童に書かせてマヅイから書改めて呉れる様にと言ってよこされました……」

このように、柴山景綱は、埋もれてしまった志士の一人であるので、ここでその生涯を手短かに紹介して置くのが「柴山景綱事歴」の理解に資するであろうと考えられる。景綱の人生は、幕末期における薩藩青年志士団の一人としての第一線での活動と、明治維新後における中央地方の無名の中級官公吏としての地味な勤務生活とに、くっきりと分れている。生涯病気がちであったことにも因ろうが、かつての同輩・後輩たちが維新後には高位高官の人となり、政治軍事の舞台で時めいていたのとは対蹠的に、景綱の後半生は忘れられた人のそれであった。

【幕末期】

（一）生い立ち

柴山龍五郎景綱（一八三五――一九一一）は、天保六年十一月、鹿児島城下高麗町上之園にある下級藩士柴山権助景秀の四男二女の長男として生れた。直ぐ下の弟で是枝家を継いだ万助（快次）は幕末の活動において常に兄龍五郎の傍らにあったし、二番目の妹和歌子は親友三島弥兵衛（通庸）の妻となった。

父の景秀は、豪勇無双の士で薩摩藩中で「前に五十騎、後に百騎、前後左右に三百騎、これを切って廻すは、柴山権助」と謳われ、青年たちの崇敬の的であった。そして青年たちは、高山彦九郎の熱烈な崇拝者であった景秀から王事に勤めよという慷慨淋漓たる思想を吹き込まれた。尊王の志士としての活動に入って行くこれら青年たちのなかで、上之園における景綱の最も親しい竹馬の友は、近隣に住む三島弥兵衛と弟子丸龍助（方行）であり、その他に高崎五六や伊集院直右衛門（兼寛）等も親しい仲間であった。

（二）青年志士――「突出計画」・島津久光率兵上洛に扈従

甲突川を挟んで高麗町と相対するのが、西郷吉之助（隆盛）、大久保一蔵（利通）等の人材を輩出した有名な鍛冶屋町であるが、安政五年（一八五八）七月の藩主島津斉彬の急死の後、藩政府が斉彬の布いた政策路線をことごとに否定するのに憤激した青年志士団

——首領の西郷の大島流罪によって大久保がこの青年志士団の牛耳をとった——が、翌安政六年春から、脱藩して京都に「突出」し諸藩の志士を糾合して義兵を挙げようという、いわゆる「突出計画」に乗り出した時、上之園からこれに加盟したのは、柴山龍五郎、三島弥兵衛、弟子丸龍助の三名であった。「突出計画」は島津久光、忠義（藩主）父子の知るところとなり、その慰撫により中止となったが、文久二年（一八六二）三月に、藩自体の行動として前藩主島津斉彬の素志を実現するため、久光が藩兵一千を率いて上洛するに至った時、青年志士団のうち国元に在った大半が久光に随従し、江戸藩邸に在った者は在勤を脱け出して京坂に集った。この時の藩兵の編成については、景綱は「わが薩藩の制、十一人をもって一組とし、什長一人、伍長二人をもってこれを統制す」と記しているが、景綱自身は、薬丸半左衛門を什長とする薬丸組の伍長で、部下の戦兵のなかには大山弥助（巌）や野津七次（道貫）——いずれも後年の元帥——などとともに、実弟是枝万助も居た。四月十日大坂に到着した島津久光は、扈従を命じた数百名の兵を率いて十六日に京師に入り、同夜浪士鎮撫の内勅を受けた。

（三）寺田屋騒動

しかし、島津久光率兵上洛の報は、四方の勤王志士を奮い起たせたばかりでなく、薩摩藩内の尊攘派をして決起の秋《とき》来るの思いを抱かしめた。その空気のなかで起ったのが、史上有名な「寺田屋騒動」である。柴山景綱の遺した未完の「手記」には、次のように記されている。

……時に幕吏益々専横に、外人陸梁、而して王室いよいよ式微なり。ここにおいて薩の藩士等、率先して義を天下に唱へ、もって四方勤王の義気を鼓舞せんと欲し、日にその事に趨る。たまたま［久光］公の大坂に来ると聞くや、志士の各所に在る者深くこれを喜び、音書相投じ、或いは相来り会す。橋口壮介、橋口伝蔵、柴山愛次郎、弟子丸龍助、永山弥一郎、木藤市助、伊集院直右衛門［兼寛］、町田六郎左衛門、西田直五郎等ひそかに江戸の在勤を脱し、馳せて大坂に来る。幾ばくもなく有馬新七等また継いで至り、すなわち田中謙助、柴山愛次郎等と首として義挙を企つ。子［三島通庸］並びに岩本勇助、西郷信吾［従道］、大山弥助［巌］、篠原冬一郎［国幹］等、皆決然これを賛す。

……事四方志士の賛する所となり、……所在に潜匿してもって事に応ずるを約す。その大意にいう、関白九条尚忠及び所司代酒井若狭守忠義の二凶を殪《たお》し、併せてその党の奸臣を除き、公武一致、上下同心もって夷狄を攘斥せんと。計画定まり、将に［四月］十八日を期して事を発せんとす。

……………………

四月二十三日、子［三島通庸］及び有馬新七等以下同盟の士、伏水［見］寺田屋（伊助）の楼上に会し、各々戦略を議す。新七、謙助等、伊集院直右衛門をして義挙の大旨を草せしめ、また自ら同盟の士の姓名を連署し、もってその本書に副へ、且つ各々結束す。………

この「義挙派」の企てが久光の知るところとなり、久光は「吾、今辱くも内勅を蒙り、専ら浪士鎮撫の事を務む。而るにもし吾が臣下の者にして、一人の暴挙をなすものあらば、吾また何の面目ありて皇室に対せん。ただに然らず、天下の事恐らくは是より敗れん。」と怒って、奈良原喜八郎（繁）以下八名の剣士にこれが鎮撫を命じた。寺田屋に集った「義挙派」は、首領有馬新七以下、柴山愛次郎、田中謙助、橋口壮介、橋口伝蔵、弟子丸龍助、森山新五左衛門の七名が鎮撫使との格闘によって斬死して、主力を失った。この時鎮撫使との交渉の前面に立ったのが柴山景綱であり、奈良原喜八郎が親友の景綱を必死に説得した結果、「義挙派」の生き残り全員二十二名は、これに応じて京都の薩摩藩邸に入ったが、久光の命により海路薩摩に送還され、鹿児島に着くや各自の私宅に幽閉・謹慎の処分を受けた。

この「柴山景綱事歴」のなかで、最も多くの頁を割いて詳細を極めた叙述がなされているのが「四、寺田屋事件の事」であるが、それは景綱の人生における華々しい活動の主要な場面の一つだからであろう。

（四）薩英戦争――英旗艦へ乗り込み

国許で謹慎させられていた「義挙派」の生き残りのなかで、景綱は、同年十一月に謹慎を解かれて「久光公御先定供」の職に復し、更に翌月には「御徒目付」を兼務させられたが、なお他国禁制は解かれなかった。しかし文久三年（一八六三）三月に久光が再び率兵上洛するに際して、景綱と三島弥兵衛（通庸）の二人だけが禁制を解かれて随行を命ぜられた。公武合体派の勢力挽回の企図による久光の率兵滞京・武力入説《にゅうぜい》は、長州を中心とする尊攘派の囂々《ごうごう》たる非難を惹起し、久光は滞京僅か三日にして帰藩の途につかざるを得なかった。この時、景綱は久光に従って国許へ戻った（親友の三島弥兵衛は京都残留を命ぜられて「周旋方」として京都政界における藩外交に従事）が、間もなく六月に起った薩英戦争（薩摩来航のイギリス艦隊との交戦）に際して、イギリス艦隊の旗艦に乗り込み陸上よりの合図あり次第艦長を斬り倒す任務を帯びて、大いに活躍した。この間の消息についても、景綱の記述は詳細を極めている。

（五）西郷赦免運動と「禁門の変」

同じ文久三年八月十八日、京都において、薩摩・会津両藩によるクーデター（公武合体派の巻き返し）が成功し、尊攘派公卿と長州藩が追い落された結果、再び時代の主役に返り咲いた久光は、九月半ば一万五千の大兵を率いて上洛の途につき、十月三日京都に入った。景綱も久光に扈従した。この年の暮から翌元治元年（一八六四）正月にかけて、京都藩邸内で西郷隆盛（沖江良部島に配流中）の赦免を要望する声が高まり、久光に具状して聴許なければ、一同十数名が君前で屠腹しようと約するに至ったが、その運動の先頭に立ったのが景綱と三島弥兵衛であった。これらの声を代表して久光を説いたのが、近習の高崎佐太郎（正風）と高崎五六で、頑強であった久光も遂に折れ、「左右皆賢と云ふに、無学の久光独り之を遮るを得ず、この上は太守［藩主忠義］の決裁を請ふ可し」とするに至り、西郷の召還が決定した。鹿児島に戻った西郷は、命により上京して三月十九日「軍賦役」に任ぜられ、大久保一蔵（利通）は西郷にバトン・タッチして、四月十八日、久光に扈従してあわただしく退京帰国した。景綱は西郷の許に残った。

翌元治元年（一八六四）七月十九、二十日に「禁門の変」（蛤御門の戦い）が起ると、西郷は、「禁闕守護論」に立って、長州藩兵壊滅・長州藩の京都からの完全放逐に主動的役割を演じたが、この時景綱は三番隊長として部下の伍長篠原冬一郎（国幹）、戦兵桐野新作（利秋）、永山休清等を率いて藩邸を発し、長州藩兵と激しく戦いこれを制圧した。そして七月二十三日に（第一次）長州征討の勅命が下ると、景綱も軍を率いて広島へ進出したが、十一月に長州藩の伏罪による諸軍の京師への引揚げに際して、景綱も京都へ戻った。

この後も、慶応三年（一八六七）十一月まで、景綱は薩軍の隊長または監軍の職にあって京坂に勤務した。その間彼は、京都において土佐藩の石川清之助（中岡慎太郎の変名）や友人の黒田了介（清隆）、村田新八などと相会して長州の高杉晋作の死を悼んだり、また同じ薩軍の監軍種田左門（政明）等と軍を率いて防州三田尻に赴き、山田市之丞（顕義）等の率いる長州の奇兵隊と交歓したりしている。慶応三年十一月、将軍徳川慶喜の大政奉還により朝廷は諸侯を召されたため、薩摩藩主島津忠義は一時帰国中の西郷吉之助（隆盛）を従えて十一月二十日に着京したが、その夜、景綱は、大山弥助（巌）、川村与十郎（純義）、伊集院直右衛門（兼寛）、村田新八、西郷新吾（従道）等と旅宿に西郷隆盛を訪ね深更まで話合を行っている。この時、一番隊長鈴木武五郎の部下の戦兵であった実弟是枝万助の神経症が再発して隊中困惑したため、諸氏の勧めで景綱が弟をともない翌日出帆の船で鹿児島に帰った。

（六）戊辰戦争——西郷に従って北越・東北へ

国許に在って慶応四年＝明治元年（一八六八）正月に起った鳥羽伏見の戦に参加出来なかった景綱は、国老小松帯刀から都城及び高岡郷隊の監軍として「京師急応」を命ぜられて勇躍したが、鳥羽伏見における官軍大勝利の報により派遣は取止めとなった。しかし八月に至って漸く戊辰戦争への参加の機会が廻って来、景綱は、村田新八、西郷新吾（従道）とともに本営附監軍として西郷吉之助（隆盛）に従い、足軽隊三隊を率いて春日艦によって北越に至り、庄内征討の作戦のため西郷の意を受けて奔走したのであった。

【明治維新後】

明治元年（一八六八）十二月に東北から鹿児島に帰還した景綱は、翌二年三月から薩摩藩の陸軍局に属し、天保山川尻砲台（鹿児島湾入口第一番砲台）に砲隊長として勤務、藩の陸軍軍人として働き出した。五年（一八七二）一月に、中央から上京を命ぜられたが、兵部省十等出仕の霞ヶ関兵営築造係といった仕事で、かつての部下の西郷従道兵部少輔や同輩種田政明陸軍少将がもっと景綱に適した勤務を斡旋するから暫く待てという助言にも拘らず、僅か五ヶ月にして東京府の勧誘に応じて転職した。しかし、東京府においても営繕係、玉川上水関係、囚獄係といった勤務が続き、八年（一八七五）十二月に漸く警視庁八等出仕に補せたれたものの、ここでも仕事は西洋人銃猟取扱係や屠牛場係兼黴毒検査取締といったものであった。そして鹿児島私学校の壮士連の不穏な動きが噂されるようになると、大警視川路利良、中警視安藤則命等の疑惑の目――西郷、村田、桐野、篠原と親しい景綱が、私学校党に与みするのではないかという――が景綱に注がれ始めたが、やがてその疑念も解け、十年（一八七七）一月に一等大警部に任ぜられた。事が起り警視庁より軍をだすようなことがあれば、自分を第一に出軍せしめよと、景綱は繰り返し川路大警視に願い出たが、実際に出軍のことが起ると病弱な景綱には遂に出軍命令は下らなかった。この年五月、景綱は一等大警部の身で戦場にも出られぬことを恥じて辞表を出し、警視庁を去った。

明治十年七月、警視庁を辞してから二ヶ月後に、幼時からの親友であり、今は妹和歌子の夫である山形県令三島通庸に対し、事情を述べて採用を乞うたところ直ちに容れられ、八等出仕に補せられた。病気が癒えるのを待って九月に山形に赴任した景綱は、三島通庸の下僚として三島の死に至るまで常にその行くところに従った。以下にこれを表示してみよう。

明治　七年十二月	三島通庸	酒田県令
同　九年　八月	**三島通庸**	**山形県令**
同　十年　七月	柴山景綱	山形県八等出仕
同　十一年　二月	同	山形県師範学校建築係
十一月	同	山形県東置賜郡長
同　十三年十二月	同	山形県南置賜郡長兼任
同　十五年　一月	**三島通庸**	**福島県令兼任、七月専任**
同　十五年　一月	柴山景綱	福島県一等属学務課長
十二月	同	警部兼任、警察本部詰
同　十六年　二月	同	福島県伊達郡長
同　十七年十一月	同	福島県信夫郡長、伊達郡長兼任
同　十七年十一月	**三島通庸**	**内務省土木局長**
同　十八年十一月	柴山景綱	免兼官（信夫郡長専任）

同　十八年十二月　三島通庸　警視総監
同　十九年　四月　柴山景綱　依願免本官
　　　　　　四月　同　警視庁二等警視、第一方面監督
同　二十年　十月　同　警察本署次長
同二十一年　十月　三島通庸　死去――警視総監現職中
同二十二年　三月　柴山景綱　警察本署長
同二十三年　一月　同　非職を命ず
　　　　　　七月　同　宮内省御料局技師、御料局渡会事務所長
同二十五年十二月　同　非職を命ず
同二十六年　二月　同　依願免本官

この後、景綱は小田原に閉居し、更に栃木県西那須野の三島農場に身を寄せ、その一生を終った。

四

本「解題」の末尾に添附する【「史談会速記録」の「柴山景綱事歴」掲載号一覧】に見るごとく、「事歴」は第六十輯から第七十九輯にわたって分載され、本文は長短合わせて八十四項に及んでいる。これら全項目を収録することは、小冊子の「尚友ブックレット」として無理であるので、幕末期を叙述している第一項から第十八項までは、項目のみのものを除きすべて採録するが、明治維新後のものについては、六十六項中、「山形県史」や「福島県史」等において取り上げられるべき純粋に地方的な記録はなるべく割愛し、主に日本の政治史、憲政史の史料として興味あるもの、或いは貴重と思われるもの二十四項を採録するに止めた。よって、題名も『柴山景綱事歴（抄）』とした次第である。

「柴山景綱事歴」の原文は、片仮名混じりの文語体で書かれているが、収録に際し平仮名混じりに改め、句読点を附し、難しい漢字にルビをつけ、且つ長過ぎるパラグラフは適宜分けて読み易くした。また原文は随所に割註を施しているが、それらのうち短いものは当該箇所にカッコに入れて存置し、長いものは取り出して（原註）として当該パラグラフの後に置いた。なお、編者として説明を要すると考えた事項については、（編者註）を当該事項のあるパラグラフの後に置いた。

私が今回「柴山景綱事歴」を「尚友ブックレット」に取り上げることができたのは、一に阪神学園神戸予備校講師・田中稔氏の御助力のおかげである。十数年前神戸の高校の教師であった田中氏が、柴山景綱の実弟の是枝万助のことを調べて居られて、質問のため私にアプローチされたことが縁となり、私の方から何かと教示を仰ぐようになったが、景綱の妹で後に三島通庸の妻となった和歌子の最初の夫が誰かを長年調べていて分らずにいると述べたことから、田中氏は、古い「史談会速記録」から「柴山景綱事歴」の全文をコピーして送って来られたばかりでなく、第四項「寺田屋事件の事」の或る箇所に附せられた長い割註のなかに「……当時まで森岡の妻たりし景綱の妹云々」ということが出ていると教示を与えられた。これによって「寺田屋騒動」の際、寺田屋楼上にあった三島通庸、柴山景綱・是枝万助兄弟等「義挙派」の鎮圧のために島津久光の派遣した奈良原喜八郎以下の鎮撫使の一人である森岡清左衛門（昌純）が和歌子の夫であり、それ故にこそ「君命に反する輩《やから》の妹を我が家の嫁にしておくことはできぬ」と、森岡家で和歌子を実家の柴山家に帰らせたものらしいという離婚事情も分って来たのであった。こうしたことから私が益々頻繁に文通するようになった田中氏は、今回も、史談会そのものの歴史から「史談会速記録」に載っている「柴山景綱事歴」の関連資料に至るまで、細かに教示を与えて下さった。それ故、先づ第一に田中氏に対して深甚なる感謝を捧げたい。

本「柴山景綱事歴」の「尚友ブックレット」組入れに当っては、筆者である柴山景綱翁の孫に当られる丸本綱子氏、その御子息の正人氏から転載に関して御快諾を頂いた。またブックレットの完成までに、三島義温理事、調査室の上田和子会員の御高配を受け、内藤好以氏、阪谷綾子室員から直接多大の協力を得ることが出来た。これらの方々に対し、心から御礼を申し上げる次第である。

「史談会速記録」の「柴山景綱事歴」掲載号一覧(註)

史談会速記録／号数	刊行年月日	「柴山景綱事歴」掲載部分
第六十　輯	明治三〇・一〇・二四	序・緒論・履歴・目録本文（一）――（三）
第六十二輯	同　三〇・一二・一五	本文（四）の一部

第六十三輯	同 三一・一・一九	本文（四）の続き——（八）
第六十五輯	同 三一・三・一五	本文（九）——（二十二）
第六十七輯	同 三一・五・一八	本文（二十三）——（二十九）
第六十八輯	同 三一・六・一八	本文（三十）——（四十三）
第六十九輯	同 三一・七・九	本文（四十四）——（四十六）
第七十　輯	同 三一・八・一二	本文（四十七）——（五十一）
第七十一輯	同 三一・九・一三	本文（五十二）の一部
第七十二輯	同 三一・一〇・九	本文（五十二）の続き——（五十七）
第七十三輯	同 三一・一一・一〇	本文（五十八）の一部
第七十四輯	同 三一・一二・一一	本文（五十八）の続き——（六十四）
第七十六輯	同 三二・二・二一	本文（六十五）——（七十二）
第七十七輯	同 三二・三・一四	本文（七十三）——（七十四）
第七十八輯	同 三二・四・一一	本文（七十五）——（八十）の一部
第七十九輯	同 三二・五・？	本文（八十）の続き——（八十四）

（註）田中稔氏の教示に拠る

柴山景綱事歴（抄）

【附録】柴山景綱事歴

柴山景綱君は薩摩の人なり。少壮志を起し、至誠国事に尽瘁せられ、その功績特に徴すべきもの多し。曽つて史談会員となり、維新前後実歴せられし事談は、前回速記録に掲ぐる処あり。今、君自著の事歴を寄せらる。直筆無忌憚、寔に真事を観るの思いあり。よって収めて附録となし、参照に資す。

序

貞、曽つて福島県の小吏たり。明治十五年春、柴山景綱君、山形県東置賜郡長より転じて同県の学務課長に任ず。君、資性剛直にして而して慈愛の心深く、清廉にして而して貯蓄の念薄し。夙《つと》に勤王の志篤く、事に臨みて身を顧みず。故に、上を恐れず下を凌がず。その事を処するに当っては、精神一到昼夜を分たず辛苦経営、もってこれを遂ぐるに非ざれば止まず。また親に事えて孝養到らざるなく、人の艱難を視ては、己その境に入るが如く財を散じて吝《やぶさか》ならず。殊に人材を得るをもって急となし、苟《いやしく》も一芸一能を有する者は務めてこれを推選す。貞の不肖、またその知遇を辱うし、一年三遷の栄を得たり。その眷顧《けんこ》終身忘る能わざるなり。そもそも君と面晤するや、その談ずるところ常に勤王に在り。王政維新の功与《あづか》りて力ありしこと固より疑いを容れず。而して君と志を同じうし倶《とも》に王事に鞅掌《おうしょう》せし者数十輩、今や多くは顕要の地に在り。独り君の不幸病多くして辺地に療養す。故に世その事歴を知る者稀なり。而して君、年歯既に耳順［六十歳］を過ぐる三年、もし一朝不慮の変あらば、その事蹟遂に湮滅に帰せんのみ。親族朋友ためにこれを惜しむ。或る人これを聞き、親しく君に就いてその事実を質し、或いは散乱せる書類に徴し、集めてこれを大成す。命じて柴山景綱事歴という。庶《こいねがわ》くは、その功蹟の求く後世に伝わらんことを。

明治三十年歳次丁酉孟春書於東京笄街寓舎　　二本松　岡　貞一　謹誌

緒　言

　柴山景綱君、世々鹿児島藩に仕え、久光公定供御徒目付等を勤む。夙に勤王の志深厚にして、文久元治の頃より一身を死生の間に置き、尽くさるるところ一にして足らず。洵《まこと》に王政維新の前駆たる寺田屋事件および元治元年闕下騒擾の時の如き、実に君今日台閣の元勲と同功一体の人にして、事により間々これに先だつ者あり。而して明治中興以後、出でて新政府に仕え、後東北諸州に歴任するや、その公事に趨くの急なる、また一身をもって難事に当り、官衙を改築し道路を新開し、学校を創設し民業を勧誘する等、その新政の鴻模に裨補するもの尠なからず。而してその間数々私資を擲ち公事を輔け、ために家産を蕩尽するに至る。その事歴見るべき者多し。而して君の親戚知友その久しくして遺妄に帰せんことを惜しみ、編纂もって後世に伝えんことを勧む。君曰く、可なり。予すなわちこれを筆記し、今印刷に附するに臨み、些かその顛末を誌す。

明治三十年六月　　　　筆記者

履歴

（省略）

柴山景綱事歴（抄）　目録

一四、四弟陶蔵を西郷吉之助に託せし事、附・吉之助金員を陶蔵に恵まれし事
一五、石川清之助［土佐の中岡慎太郎の変名］、黒田了介、村田新八等と高杉晋作の死を悼みし事、附・坂本龍馬、石川清之助横死の事
一六、軍隊を率いて三田尻に赴き、弟神経病再発して京師より帰国せし事
一七、京都急応隊の監軍として日州細島出張の事
一八、春日艦に乗じ東北に航して艦上に戦いし事
二〇、天保山砲台砲隊長勤務の事
二一、号鐘移転建白の事
二二、明治四年薩藩軍制改革に際し報知役勤務の事
二三、景綱、山口池田両氏と東京より召されたる時、鹿児島陸軍局員景綱等のために送別会を谷山町に開きたる事
二四、兵部省十等出仕築造局勤務の事
二五、東京府大属囚獄掛勤務の事
二六、警視庁八等出仕西洋人銃猟取扱掛、屠牛場掛、黴毒検査取締勤務の事
二七、西南の役に進んで従軍を請いし事

二八、山形県師範学校建築掛勤務の事
二九、山形県東置賜郡役所新築の事
三二、三線道路開鑿の事
三三、虎列刺《コレラ》病発生のため人民の騒擾せるを鎮撫せし事
三四、活版所建築及び器械購入の事
三五、鐘堂新築の事
三七、屋代小学校新築の事
四二、五箇村供用々水堰葛藤和解の事
四三、聖駕行幸の事
四六、政党首領逮捕の事
五一、伊達郡役所新築の事
七八、信夫郡生絲販売方改良の事、附・福島出発の事
七九、保安条例執行の事
八〇、大隈伯の入閣に反対を唱えたる事
八一、憲法発布の大典に列せし事

（以上）

一、誕生、命名及び藩主謁見の事

天保六年（乙未）［一八三五］十一月十一日、麑府《げいふ》［鹿児島城下］上の園に生まる。鹿児島藩士柴山権助藤原景秀の長男なり。母は有馬氏、（原註1）幼名を龍太郎と命ぜらる。弘化四年（丁未）［一八四七］、年甫めて十三、藩主島津斉興公に拝謁す。時に名を龍五郎と改め、諱を景綱と名づく。王政維新の後、諱［と］通称の両用を禁ずるの令あり。よって単に景綱と称す。

（原註1）　同藩士有馬清右衛門（諱は純□《ママ》［一字不明］）の長女、名は叶子。

二、脩文講武の事、附・介錯の事

天保十二年（辛丑）［一八四一］、龍太郎年齢七歳の秋、上の園郷中に加わり、石神矢之助に従い読書及び習字を学ぶ。十二、三歳にして造士館に出で、大山弥五右衛門に従い、後黒田嘉右衛門（清綱）に経書を学び、外に十八、九歳の頃より三島弥兵衛（通庸）、弟子丸龍助（方行）と［ともに］藩の経学者町田次郎四郎の門に入り、四書五経を無点に清書し、一に町田氏の訓点に従う。これを町田点と称せり。また武経七書を三島と［ともに］伊地知龍右衛門（正治）に習う。武芸は初め郷中の同輩とともに示現流の剣道を東郷藤兵衛の門に学び、嘉永二年（己酉）［一八四九］、すなわち十五歳の頃より伴五流の師範海老原庄蔵の門に入り柔術を学び、十七歳にて奥の形を許さる。また薬丸流（示現流の一派）の太刀筋をも練習せり。これより先、同年［嘉永二年］十五歳の冬より門閥北郷作左衛門手の火消組に石見半兵衛とともに選択（強壮の者）にて入る。同役の頭取には斉藤直助、山下七郎、有馬正十郎等十余人なり。また仁礼平助（景範）、奈良原喜八郎（繁）等は、小松家の火消組なり。

嘉永六年（癸丑）［一八五三］六月十九日払暁、故ありて朋友某氏の介錯をなす。（編者註）当時景綱十九歳なりし。景綱この年春より慢性の胃腸病に罹り、且つ種々の疾病続発して体痩せ心疲れ、遂に武芸に従事する能わず。造士館に入塾して専ら文学を脩む。高崎五六等また同塾に在り。当夜郷中某の宅より使者来りて景綱を迎う。景綱即時その宅に至る。父権助景秀また来り会す。景綱を人無きところに招き、謂って曰く、今夜の介錯は汝に嘱すと聞く、汝能く首を打たざれば、此処なりと、右手の指をもって景綱の腹部を突くこと両三回。且つ訓えて曰く、予嘗つて師匠薬丸殿（長左衛門）にこれを聞く、凡そ人の首を打つ時、太刀をただ真直ぐに落せば、腮《あぎと》［顎］に切り込むものなり、故に毛髪一寸ばかりを体の方に着け残し冠り打ちにせば、腮に切り込むこと無し、と。汝またその意を体し聊《いささ》かも粗忽《そこつ》にすべからず、と。景綱は厳父の教訓骨髄に徹し、その意をもって切りければ、毛髪体に残る八分ばかり、而してただ首の皮のみ体に残り、真に介錯の妙法に適せり。これ偏《ひとえ》に厳父の教訓によって然りしなり。回顧すれば、日夜武名を論ずるの当時、親族または郷中の老少百有余人集会の席において、万一景綱にして切り損ずるが如きことあらば、これ一生の恥辱と、親は親の心をもって深く苦慮せられしならん。故に初めわが腹部を突き、もって必死を示せしものなるべし。この時所用の太刀は一尺七寸の副刀にして、柄短く僅かに右手と左の指二本を掛けたるのみ。また柄の左右に目貫［飾り金具］あり、実に握りにくかりき。景綱つねにこれを憶う故に、刀剣の柄を製するに当たりては、これを平巻きとなし、而して目貫を着けず。

（編者註）　「朋友某氏」とは、同じ上の園において柴山家の近くに住む三島数右衛門通純の次男で十六歳の伝之丞（通徳）のことである。柴山家と三島家とは非常に親しい間柄であり、柴山家の長男景綱と三島家の長男弥兵衛（通庸）とは、同い年で文字通り竹馬の友であり、その後に景綱の妹和歌子が通庸の妻となることによって義兄弟の縁で結ばれた仲であった。通庸の三歳下の伝之丞は「年少ながら沈毅にして剛侠」と謳われた少年であったが、遊び仲間の少年から「太鼓打ち、太鼓打ち」と嘲られたのを家門への侮辱として憤激し、これを切り捨てた。それは、三島家の家技が金春流の太鼓で、父通純も「御能役太鼓方」を勤めていたためであった。士道を全うした伝之丞は、しかし掟に従って切腹しなければならなかった。

親しい友人である十九歳の景綱に介錯の役目が委ねられたのである。『三島通庸』（平田元吉著）は、この時のことを次のように叙述している。

「士道辱を受くれば雪がざる可からず、刀を抜けば斬らざる可からず、斬れば自裁せざる可からず。伝之丞既に辱めらる、乃［ち］某と甲突河原に闘ひ、再［び］請ひて河口の寂寥たる処に導き、決闘して之を斬れり。帰りて之を父数右衛門に告ぐ、数右衛門涙を抑へて曰く、健気なり、善く士道を尽くせりと、翌朝伝之丞は、涙を抑へし郷人環視の中に於て美事に割腹して死しぬ。年僅かに十六。友人柴山龍五郎介錯を為せり。」

三、突出を唱えたる事

嘉永六年（癸丑）［一八五三］、米使彼理《ペルリ》兵を挟《さしはさ》み来りて通信互市［貿易］を乞う。幕吏怯懦これに備うるの策を講ぜず。その再び来たるに及んでや、勅裁を請わずして擅《ほしいまま》に条約を結び、ついで魯［ロシア］英［イギリス］仏［フランス］等の諸国と締約す。天皇これを憂い、或いは毀鐘の詔を下し、或いは絶粒［絶食］神に祈り、或いは自ら皇位を避けんとするに至れり、と。攘夷の勅屡々《しばしば》下るも幕府奉ぜず。よって別に勅旨を水戸藩に下す。然れども幕吏の碍《さまた》ぐるところとなり、また終《つい》に行われず。ここにおいて天下の志士憂憤身を忘れて事に趨《はし》る。

わが薩摩藩においても、大久保一蔵（利通）等有志の徒、将に入京して事を図らんとす。事ここに至るも幕府なお［反］省せず、井伊掃部頭（直弼）等首として安政の疑獄を起し、朝野の志士を厳刑に処し、濫《みだ》りに圧制を行い、擅に暴威を逞《たくま》しゅうす。わが薩藩の志士これを聞き大いに激昂し、これをしも忍ぶべくんば何をか忍ぶべからざらん、と。安政六年（己未）［一八五九］の春頃より、大久保一蔵（利通）、吉井幸輔（友実）、海江田武次（信義)、有馬新七(正義)、大山格之助(綱良)、奈良原喜左衛門(清)、同喜八郎(繁)、有村雄輔(兼武)、同次左衛門(兼清)、同国彦、仁礼平助(景範)、増山三次、江夏仲左衛門、税所喜三左衛門(篤)、柴山愛次郎(道隆)、橋口壮助(隷三)、橋口伝蔵(兼備)、村田新八(経長)、森山東園(永孚)等を首《はじめ》として決死の士およそ百余人、突出事を挙げんとす。

わが上の園よりこれに加盟せしは、弟子丸龍助(方行)、三島弥兵衛(通庸)及び景綱の三人なり。当時特に帯刀を造る。その制や、十八、九節の長柄に削り、その上に鍛えたる牛皮を衣せ、塗るに漆をもってし、平巻となしてこれを帯ぶ。而して三人常に景綱の家に会し、一人口を開きて、賊魁の頭はわが手に切り取り、もって宸襟を安んじ奉り、名を後世に揚げんといえば、二人は何ぞ足下に譲るべきや、賊魁を斃すはわれなり、賊首を打離すはわれなりと、三人互いに争い、室内または庭前においてその演習をなす等、雀躍して手にものつかず。今日明日と一日千秋の思いをなして、ただ突出の日を相待ちたり。然るに、このこと久光、忠義二公の聞くところとなり、その挙尽忠の誠意に出づるといえども、その藩主を翼戴せずして事を挙ぐるの不可なる所以《ゆえん》をもって堅くこれを制止せられ、且つ忠義公は特に手書を賜わり重ねて説示せらるるところあり(誠忠士の面々へ云々の書なり）。爾来更に小姓をもって反覆丁寧懇諭せらる。ここにおいて同盟の諸士大いに悟るところあり、脱藩突出の挙は遂に中止となる。

四、寺田屋事件の事

文久元年（辛酉）［一八六一］の冬、柴山龍五郎（景綱、上の園）、松方正作（正義、下荒田）、奈良原喜八郎（繁、高麗町）、森岡清左衛門（昌純、古新屋敷）、平山龍助（季隆、上荒田）、大野四郎助（義方、上の横馬場）、中村矢之助と同時に、久光公の御先定供を命ぜられ、ともに御他出毎にこれを勤む。

同二年（壬戌）［一八六二］三月、久光公は斉彬公の御遺志を継がせられ、王事に勤むるがため、上下一千余人の麾下を率い、麑府《げいふ》を発して上京せらる。時に龍五郎は、平山龍助、大野四郎助、中村矢之助と四人、忠義公の御留守定供の命を蒙る。龍五郎熟《つらつ》ら考うるに今御留守定供の要務を命ぜらるるといえども、今般［の］久光公の出府は将に三国（薩・隅・日）を挙げてもって先君の遺志を継ぎ王事に尽さんとせらるるなり、龍五郎不肖といえども多年勤王の志を抱く、今この機を失わばまた何れの日か宿志を果たすの期あらんや、もし随行の命を拝する能わずんば、すべからく亡命してもって尽くすべしと、これを大野四郎助に謀る。四郎助大いに賛同し、共に倶に閣老心得小松帯刀（清廉）に迫り、その留国に忍びざるの誠意を訴う。帯刀その精神の厚きを感じ、上聞してもって什長薬丸半左衛門（五十余才にて有名の剣術師範なり）の伍長として随行を命ぜらる。龍五郎の喜び知るべきなり。

わが薩藩の制、十一人をもって一組とし、什長一人、伍長二人をもってこれを統御す。時に薬丸半左衛門、門松市兵衛、岩切八兵衛、大迫喜左衛門（貞清）、烏丸六左衛門、貴島平八、小野郷右衛門、吉井幸輔（友実）、鈴木勇右衛門、高田十郎右衛門、仁礼平助（景範）、永田佐一郎等、各什長たり。その十六日、久光公は路を陸上に取らる。而して年長の什長には薬丸、門松、岩切等にして路を海上に取る。龍五郎は飯牟礼才蔵とともに薬丸の伍長にして、鹿児島前の浜より発船す。わが部下の戦兵には、本田堅介（弥右衛門の弟）、大山弥助（巌）、野津七次（道貫）、飯牟礼喜之助、山口孝右衛門、是枝万助（快次）、讃良清蔵等あり。久光公は四月三日播州室津に着し、われ等随行船の到るを待ち、その八日兵庫の駅に達し、十日大坂に着せらる。而して兵十二組の内、八組を分ちて同地の藩邸に置き、不虞に備え、他の四組を率いるものとし、抽籤をもってこれを定む。然るに、吉井幸輔（友実）、鈴木勇右衛門、烏丸六左衛門随行の籤に当る。久光公、その十三日をもって当籤の什長、伍長及び部下数百人を率い、大坂を発して伏見に至り、十六日入京し、即夜浪士鎮撫の朝命を拝せらる。

これより先、龍五郎の親友弟子丸龍助（方行）、伊集院直右衛門（兼寛）は、中小姓の役にて江戸の藩邸に在り、たまたま久光公の上京を聞き、急行下坂して魚屋太平の旅店に投ず。時に柴山愛次郎（道隆）、橋口壮助（隷三）また同宿たり。龍五郎等の着坂を聞き、すなわち藩邸に来り久闊面話をなす。而して龍五郎及び三島弥兵衛（通庸）を或る水辺の神社に伴い時事を談ず。時に弟子丸龍助曰く、予今回始めて西郷吉之助（隆盛）氏に面会したるに、その器宇誠に恢宏、有為の人にして、彼こそ真の豪傑という者なれ、当時予に対し笑みを含んで曰く、遠からず内軍［内戦］がある筈なるが、その時は足下も行かるるか、と。予大いにその人と為りを羨望せり。語次また一舉の事に及ぶ。龍五郎、弥兵衛対《こた》えて曰く、足下等知る如く、久光公は昨日大坂守衛の諸士を藩邸の広間に召集し、奈良原喜左衛門（清）、海江田武次（信義）をして諭さしめて曰く、久光公の献策朝廷尽《ことごと》く採納あり、尽すところの結果総べて宜く、天下の事、万患いなし、汝等その意を躰し、必ず意を他事に介せず、宜しくその職とするところを守るべし、と。而して予等なお安んぜざるところあり、ひそかに奈良原、海江田両氏に面会し、問うに久光公尽力の首尾如何をもってす。海江田対えて曰く、久光公入朝以来献ずるところの策ことごとく採納あり、尽すところの事、またその宜しきを得ざるもの無し、吾子等［きみたち］それ安んぜよ、これ予等両人の確聞するところなり、と。輒《たやす》く弟子丸の談に応ぜざりし。弟子丸曰く、吾子等予の言を信ぜずんば、敢えてまたいわず、と。ここに別れを告げ、龍五郎、弥兵衛は直ちに藩邸に帰れり。

　爾後、田中謙助、龍五郎を藩邸の人無きところに伴い、説いて曰く、足下等のかねて知る如く、今般久光公は先君斉彬公の遺志を継がせらる。上京もって陛下へ数条の献言ありしに、先づ閣老久世大和守を京都へ召さるるの由なり。然れども、幕府の威権猖獗にして効を奏すること頗る至難と想像す。一昨日奈良原、海江田をもって諭示ありといえども、今なお在坂の人数に上京の命無きをもって観れば、その実未だ行われ難きか。想うに、中山（仲左衛門寛善、当時側役）如き姦物要路に在り、その左右を壅蔽《ようへい》して、私欲を営まんとす。故に久光公京師に在りて王政を輔翼せらるるといえども、恐らくはその措置稽緩にして恢復の大業は成し難からん。また大久保一蔵（利通）、奈良原喜左衛門、海江田武次の如きは、頃日因循姑息に流れ、ただに稽緩なるのみならず、諭すに時期の熟せざるをもってす。今彼等の言、豈にことごとく信ずべけんや。吾が徒素より万死をもって王事に尽くさんと欲す、一旦その機を失わば、また得べからず、まことに千載の遺恨というべし。故に吾が徒急馳もって京師に入り、飽くまで叡慮を悩まし奉りし九条関白及び酒井所司代を襲撃し、京地の相国寺内において僅か一室の雪隠臭きところに幽屏され、香を焼き凌がれたる前の青蓮院宮を出し奉り、その儘御参内の供奉をなし、吾が徒の建白且つ御口上をもって久光公に在京の御命を下し、ことごとく久光公の建白を御採納ありて、三百諸侯に飛檄を馳せ、迅速上京を命ぜられ、集会もって国是を定むべし。幕府もし朝命に抗するあらば、すなわちその罪を責めて討伐を加えらるる等、他は臨機応変の事となし、飽くまで久光公の志を遂げさせられ、上宸襟を安んじ奉り、下万民を塗炭に救うの策をなすこと、これ吾が徒の本分ならずや。吾が徒斃《たお》るといえども、天下の義士相継いで起こるや疑いなく、この擧却って久光公の宿志を遂げさせらるるの端緒となるべし。これ決して私事を逞しうするに非ず。かたじけなくも天皇錦旗を賜い、且つ青蓮院宮の令旨あり、また中山忠光朝臣の檄文に、

武夫《もののふ》の矢たけ心の梓弓
　　引きはなつべき時は来にけり

との和歌もあり、この機失うべからず、豈に遅疑すべけんや、と。龍五郎おもえらく然りと、すなわちこれに応ず。

龍五郎またこの事をもって弟是枝万助（快次）に説く。万助、時に年二十二、諫めて曰く、余おもえらく、事はなはだ過激に渉る、恐らくは志を達し難し、阿兄、従来大久保一蔵、奈良原喜左衛門ドン（ドンは殿の方言）などと志を同じうせられたり、故に久光公及び大久保、奈良原等の意に従い、而して後去就を決すべし、と。赤心顔色に顕われたり。龍五郎忿《いか》って曰く、われ等首として決行するに非ずんば、それ誰かこれを能くせん、ただ一死もって上は皇室を中興し藩公洪恩の万一に報い、下は天下億兆の安堵を謀り、遅疑観望の徒を興起せしめんと欲するのみ、死後の如きは、公必ずこれがところをなさん、語にいわずや、義を見て為さざるは勇無きなりと、われ豈に敢えて軽々に為さんや、と。万助悟るところあり、曰く、然り、弟、願わくは奮戦もって阿兄に従わん、と。

その月十七、八日の黎明、三島弥兵衛（小野組什長）、柴山龍五郎（薬丸組什長）、是枝

万助（薬丸組戦兵）ひそかに大坂藩邸の門外人無きのところに出でて一挙の談に及ぶ。時に龍五郎、弥兵衛は年歯方に二十八、万助は二十二の春にして、鬼をも拉《ひし》ぐ勢いあるの頃なれば、虎は死して皮を残し人は死して名を残す、とは、これまで日夜武士の嗜《たし》なむ処なり、また天に二日無く地に二王無し、人の有る限りは天子の人、地の有る限りは天子の地、とはこれまでともに唱うるところなり。抑々《そもそも》この一挙の如きは、目前陛下の御為なれば身命は塵芥《ちりあくた》よりも惜しむに足らず、願うところの幸いとはこのことなり。徳川家三百年来暴威の根本を破るの先陣は、余等任じてなすべし、余等三人はともに白鉢巻をなし、赤襦袢を着し、衆に抜んでひと際目立ちたる無二の働きをなし、後世に薩摩武士の名を揚げ、祖先より世々蒙りし高恩に報い奉るはこの時なるぞ、余等この姦賊を討ち捕りて切死せば、死後久光公が事の成就をなし、宸襟を安んじ奉らせらるるは疑いなし、進むべきはこの時なりと、ともに緋縮緬《ひぢりめん》の襦袢を裁し内に薄真綿を入れ、背部に縦一尺一、二寸、横九寸ばかりの白羽二重を縫いつけ、これを携えて坂本彦右衛門、森山新五左衛門（永治）の旅舎に至り、筆硯を借りて、

討チ㆑賊ヲ安ンス㆓皇国ヲ㆒

薩藩士柴山龍五郎藤原景綱

皇《すめらぎ》の御為に死ぬは瀧津瀬の水より早き我心哉

生キテ尽シレ為ニ二天皇ノ一　死テハ為ン二忠義ノ魂ト一　是枝万助当年二十二歳平快次

われひとり天が下には生れきて大内山の塵を払ふぞ

（明治二十七年三月に至り景綱及万助は合作の軸と為し伏見大徳寺に寄附す）

赤心報ス二皇国ニ一　薩藩武臣　三島弥兵衛通庸

皇国の御代安かれと武士のあかき心をつくす今日哉

（三島家今尚蔵す）

と、各自和歌と氏名を記して、牛皮の腹巻とともにその旅舎に置き、藩邸の隊に帰る。

二十一日を期し事を挙げんとせしが、故あり止み、二十三日の払暁三人（龍五郎、弥兵衛、万助）、坂本（彦右衛門）、森山（新五左衛門）等の舎に至り、襦袢腹巻を着し、中ノ島なる魚屋を指して馳せ行けり。初め龍五郎の藩邸を出んとするや、二十三日の昧爽、弟是枝万助とともに言を朝浴に託して什長薬丸氏に告げ、室を出でて既に縁側を下らんとする時に、右の方五、六間を隔てし室内に当たり、うなり声ありければ、龍五郎、万助と互に相笑いて誰か夢魔に襲われし者ならんといいければ、隊中の寝覚めし人々も誰か夢みしならんと衾中より大いに笑いしを聞きて、その儘藩邸を立ち出でたり。然るに途中永田佐一郎の部下なる白石休八、岸良俊助等馳せ来たり、語りて曰く、余等出邸せんとする時、枕辺にてうなり声あり、誰か夢みて声を発する者と思い、発声する者は誰ぞ、夢じゃ、夢じゃと手を出し、その人を牽きたれども、俯向きに臥して動かず、故に不審を抱き起こしてこれを観るに、豈に図らんや、余等の什長永田佐一郎の割腹せしところなれば、大いに驚き介抱をなしけるが、胸中一挙の出船時刻の過ぎんことを恐れ、兎や角と苦心せるうちに、諸士漸々馳せ集り、仁礼平助等後より抱き介抱するを見て、隙を窺い始めて藩邸を駆け出せり、という。因って先に縁側にて聞きしうなり声は永田なりしことを知れり。而して有馬［新七］等の事を企つるや、永田も一時は与《あづか》りしが、久光公の奈良原、海江田をして諭されしをもって、中途にしてその挙の非なることを悟り、またわが部下の士悉《ことごと》く脱してその職分の立たざるを恥じて、自害して謝せしものならん。憐れむべきの至りなり。

かくして龍五郎、万助の魚屋に到るや、同盟の士多くは集会せり。時に柴山愛次郎(道隆)等永田の死を聞きおもえらく、錦邸(京師、錦小路に在り、久光公の居邸)においては、予等時勢に迫り一挙を企てんことを予想し、探吏数人を入れ置きたれば、直ちに永田の自害及び部下の脱邸を探知せしこと疑いなし、然る時は藩邸より捕吏の来るは必然なり、事ここに到る、機を失うの恐れあり、速かに乗船するにしかず、と。有馬(新七)、橋口(壮助)、田中(謙介)等をして先づ発航せしめ、その身は佐土原藩士富田孟次郎(通信)、同池上準之助(陳敬)等と旅舎の費用を決算す。当時柴山愛次郎楼上に在りし故、龍五郎また登り見るに、座敷に魚屋の主人を招き、数葉の紙を延べ、これに二分金を並べ、諸士の宿泊に係る費用を精算して、これを主人に与え、而して徐《おもむろ》に船に乗り、もって衆に殿《しんがり》す。時に諸士既に亡命の厳禁を犯し、遅々として捕吏のために大事を敗らんよりは、寧ろ速かに京師に入り事を挙ぐるにしかずとの意向あるものの如く、就中《なかんづく》年少の徒は稍々先を争うの風あるを見る。独り愛次郎に至っては、挙止従容、神色自若たることなお能くかくの如し。龍五郎暫く傍らに在り、その挙動を見ておもえらく、矢石雨の如く降りてなお動かざる大石良雄の度量もこれには過ぐるなしと、嘆賞これを久しくす。

先づ一番に橋口壮助（隷三）、有馬新七（正義）等の乗船勇み進んで漕ぎ出す。二番に是枝万助（快次）、吉田清右衛門、篠原冬一郎（国幹）、林庄之進、吉原弥次郎（重俊）等乗込みたり。既にして龍五郎は、田中謙介（盛明）、橋口伝蔵（兼備）、弟子丸龍助（方行）、永山万斉（後、弥一郎）等と三番船に乗込み、勢い頗る盛んなり。而して将に伏見に到らんとして淀川を遡る。時に、田中謙介は、奈良原喜左衛門、海江田武次の堤上を過ぐるを顧み、もって彼等は余輩を制止するがために来たりし者となし、我これを射撃せんと、かねて砲術（野村流）の熟練なれば、急に携うるところの拾匁銃を執ってこれを狙撃せんとす。而して火縄を忘る。因って腰間帯びるところの手巾を裂き、これに爐灰を粘《ねん》し綯《な》うて索となし、火を点して覘いを着け、将に発せんとして火忽ち消ゆ。かくの如くすること三回、遂に果さず。そもそも奈良原喜左衛門は廉直深切にして人に接するに信義をもってす。故に龍五郎と親密なりしが、謙介のこれを狙撃するに当りておもえらく、今この人を一丸の下に斃すは誠に惜しむべきなりと。而してその発せざるを観て心ひそかにこれを喜ぶ。

これより先、奈良原、海江田の伏見方面より川岸を馳せ来るや、二番船を認め大いに呼んで曰く、請う、しばらく棹を回らせ、予等将に告ぐるところあらんとす、と。吉田（清右衛門）、篠原（冬一郎）、林（庄之進）、吉原（弥次郎）、是枝（万助）等答えて曰く、われ等を大呼する、そもそも何の故ぞ、詳《つまびらか》にその理由を語れ、と。奈良原曰く、予等久光公の命を帯び来たる、吾子等今不穏の挙動あるは、国家のため容易ならざるの大事なり、一旦大坂に帰邸せしめよ、と、公の命かくの如し、且つ天下の事は方今久光公の専ら尽くさるるところなれば、宜しく公の命に従って尽力あるべし、と説諭懇到なり。然れども、船中一人のこれを聴くものなく、皆曰く、われ等は有馬（新七）、柴山（愛次郎）、橋口（壮助）等の人々と同意にて、九条、酒井の姦物を除かんがため、京師に赴くの途なり、たとい百諭告あるも止まる能わず、と。奈良原は前説を執り、誠意懇々諭して止まず。ここにおいて、満船怒声を発して応答し、遂に相互の舌戦となる。時に是枝万助進んで曰く、奈良原喜左衛門ドンなんどというは平時のことなり、この期に臨み強いてわれ等の船を止むるにおいては、この淀川に切り捨て申さんと、備前長船祐定作の二尺七寸ある朱からからの大刀を引抜き、岸に向いて飛び上り飛び上り力足を踏みければ、奈良原この状を見て大いに怒り、万助ドン、これは聞こえざる召し方なりと、既に切って懸かるべきの勢いにて同氏また飛び上りしを、海江田傍らよりこれを宥めしならんか。船中は吉田（清右衛門）、篠原（冬一郎）、林（庄之進）等是枝を止めて曰く、これ大事の前の小事ならずや、止むべし止むべし、と。是枝またその理に服して止む。

後、両氏は語勢を柔らげ、公の命をもって種々説示せらる。船中の諸士また適宜の返詞をなし、万事貴命に従わんと言い放ちてその船を出さんとす。時に海江田曰く、柴山（愛次郎）、橋口（壮助）等は今いずくに在るや、と。万助等対えて曰く、彼等今なお大坂に在りと大いに笑うて漕ぎ出せり。（原註1）

（原註1）　万助は、上坂まで朝夕江夏仲左衛門宅において、奈良原喜左衛門等より剣道薬丸流の教授を受けいたり。

初め永田佐一郎の自殺するや、高崎佐太郎（正風）等は、同邸の近室に在り、直ちに馳せ行き介抱しけるが（永田部下の話）、永田の部下漸々［しだいに］出でて在らざるを見、かねての事変果して起れり、速かに久光公に報ぜざるべからずと、多数の人夫に命じ飛轎［早駕篭］もって京師に赴く。然るに有馬（新七）等の諸士は四番船を待たんと、淀に上陸し、龍五郎は森山新五左衛門、坂元彦右衛門、山本四郎（義徳）等と或る店頭に鯣《するめ》を食しいたりしが、先に藤井良節乗輿もって過ぎ、継いでまた一輿の来るあり、龍五郎、誰ならんと馳せてこれを窺えば、すなわち高崎佐太郎なり。問うて曰く、吾子いずくにゆく。

答えて曰く、京師にゆく。また曰く、何の故ぞ。曰く、これに久光公の命あり、故に急遽これに赴く、と。龍五郎曰く、藤井良節弟の疾病に赴く、先に邂逅せり、と。その語未だ終らざるに、橋口壮助（隷三）遥かに疾呼して曰く、佐太郎を殪《たお》すべし、高崎（佐太郎）を殺すべし、と。森山（新五左衛門）、坂元（彦右衛門）等を首《はじめ》とし、声に応じて刺さんとし、事甚だ急なり。龍五郎これを止めて曰く、止めよ、止めよ、必ず止むべし、一人の高崎を殺すも何の益かあらん、と。因って佐太郎わずかに免かるを得たり。（原註2）そもそも龍五郎の年少造士館に出づるや、佐太郎は同窓の友にして、毎日咿唔［読書の声］相和し交情極めて深し。また当時大坂藩邸に一の閾《しきい》を隔ておれり。故にその危急なるを見るに及んでや、旧情靄然として起り、これをして死に至らしむるに忍びず、痛くこれを止めたるなり。

（原註2）　義挙録に、兼ねて急報の者登らば、道にて殪すべき手筈の談ありしとあるも、龍五郎等は藩邸に在りて隊の外出を禁ぜられし故、これ等の談は曽つて聞かず。

三番なるわが乗船には、酒樽を載せ愉快に酌みて進航す。橋口伝蔵（兼備）も能き気分となり、船を横に真向に寝ね、両足を船縁《ふなべり》に出し、晏然として諸士の謳歌吟詩を聞きいたり。弟子丸龍助（方行、中小姓役にて江戸に二度の勤仕）、永山万斉（弥一郎、茶坊主にて江戸に勤仕）等は最も高声にして、巧みに江戸の流行歌を歌い、これを知らざる龍五郎等は、詩歌を吟じて殊更賑やかにして遡りければ、橋口壮助は後より戯れに呼びかけて、「おおい、おおい、お前たちはアガキじゃないか、アガキじゃないか」と頻りにいいたりける。（原註3）

（原註3）　アガキとは、鹿児島にて人心地なくして譫言するをいう。

かくて、高崎佐太郎は虎口の難を免れて、その日の申の刻（午後四時）許りに入京して事の次第を久光公に注進す。公は、もっての外に怒り給い、こは奇怪の至りなり、この程より懇ろに申し諭したるに、聞き入れずしてこの企てにおよぶこそ安からね、正しく鎮撫の仰せを蒙る身の、彼等などが膝元にて騒動するを許すべきや、と申されたり（久光公記）。その報知にて京の藩邸は大騒ぎとなり、鎮撫或いは防禦の準備に着手し、愈々取押さえることに決し、或いは鳥羽伏見の街道に守兵を出すということとなりぬ。久光公には勅命を奉ぜられて未だ舌も乾かぬこと故、直ちに近衛家へ小松帯刀（国老）、中山中左衛門（側役）を出し、朝廷へ内申を致されたり。堀仲左衛門（伊地知貞馨）は直ぐ処分の伺いを致さんと久光公の前に出けるに、公は侍医朝稲三益と碁を囲んでおられしが、堀が御前に出ると三益はその座を過ぐ。久光公稍々暫くして仰せ［らるる］に、困った事だ、その方どもの評議はどうだ、小松、中山などは何というか、兎に角粗暴な事をここで遣っては違勅の罪は免れぬ、勅命に対して鎮撫せねばならぬ、彼我の別なく適当に処分せなくてはなるまい、しかし悪い考えでもあるまいから、先づ一応人を遣してなるたけ連れて来い、親しく説諭しよう、と。そこに中山が帰りて直ちに御前に出る。その時仰せに、今折角話中であった処分の見込みは、とお尋ねあり、中山は、誠に怪しからぬことで、高崎（佐太郎）、藤井（良節）より委しく承りました、この上は思召し次第に取扱致しましょうと申上げぐれば、久光公のお考えは、頭だちたる者をここに連れて来るが宜い、多人数遣っては能くない、呼び出して直ちに説諭しよう、と仰せらる。中山と堀は、その通りお諭し下さい、それでは七、八人か十人許りも予て懇意の者どもを遣しましょう、他の者を遣ってはいけますまい、と申し、堀、重ねて申しけるには、もし抵抗致すようなことも御座りま

したら、如何致しましょう、と申しければ、その時は臨機の処分があろうとのお答えなり。（原註4）

（原註4）　久光公、市来四郎へ御直話――久光公記。中山中左衛門記。

ここにおいて、予《かね》て鹿児島にて勇敢にして武辺にも勝れ、且つ有馬新七、田中謙介、柴山愛次郎、橋口壮助の人々と相親しき者を撰び、奈良原喜八郎（繁）、大山格之助（綱良）、森岡清左衛門（昌純）、（原註5）江夏仲左衛門、鈴木勇右衛門、その男昌之助、道島五郎兵衛、山口金之進の八人を抜擢して、汝等急ぎ伏見に馳せ向い、彼輩を途中に擁し、詳《つまびら》かに予が主旨を達せよ、然るもなお聴かずしてその意を遂ぐべしとの事にてあらば、是非無き次第なり、速かに臨機の処置に及ぶべし、と命ぜられければ、八人の衆は、その命を奉じて直ちに立出でたり。近侍の人々、かかる重大事に余り人数の少なう候えば、せめてこの上に七、八人も増して然るべきかと議したるに、八人の衆は、否な斯様なる時に人多ければ談判も区々に渉り、却って目的を達せざるものなり、われ等八人にて必ず使命を果すべし、と答う。然らば足軽二組許りも差添えらるべきか、否なそれも無用に候えば、お断り申すとて、本街道と竹田街道と二手に分れて伏見に赴く。上床源助は鈴木勇右衛門の部下なりけるが、この報を伝聞して、強いて望み鎗提げて後《おく》れ馳《ば》せに赴きぬ。

（原註5）　景綱聞く、橋口壮助などは、出立前晩頃までも森岡の舎に泊せりと。

さて、有馬（新七）以下の諸士は、淀大橋の側において待合せたる四番船の来りければ、ともに伏見蓬莱橋の五、六間の下流に着船し、それより陸上纔《わづ》か四、五間なる、予《かね》て田中河内介の手当せし旅舎、すなわち南浜町寺田屋伊助の宅に着到せしは、七ツ半（午後五時）過ぎなりき。ここにおいて、衆先づ晩飯を喫し、有馬新七（正義）自ら筆を執り、諸士の姓名を一々着帳に記載するに、諸士その一人にて記載するの繁労に堪えざるを慮り、伊集院直右衛門（兼寛）のその任に適するをもって、助けてこれを記載せしむ。時に新七、橋口を呼んで名を問う。伝蔵なりと答う。新七またその名乗りはと問いしに、伝蔵大音にて、文武兼備の兼備じゃ、兼備じゃと答え、且つ高声を発して人を呼びけるに、弟子丸（龍助）、傍らより少し声を威地ら敷く、伝蔵ドン、をらびやるなあ、せからしい（をらびやるなとは怒鳴るな、また、せからしいは八《や》ケ《か》ま敷《し》いの薩言）といいければ、伝蔵声を励まし、をろたち、いけんあるもんや（叫んでも構わぬの薩言）と答えければ、龍助また声を励まして悪いといい、宜しといい、双方互いに言い募りける。龍五郎等遠方よりこれを聞き、笑いながら、をまいなんだ（汝等の薩言）何事や、今城攻めに掛るに、同志争いをするちゅうは、をかしじゃないか、止めやい、止めやい（同志争いするは笑うべし、止むべしとの薩言）と、皆制しければ暫くして止めたりける。かくて記帳終りて、五人組のことを定む（五人組は島津家の旧式なり）。総べて五人を伍となし互いに相統属す。而して部分定まりければ、諸士或いは団飯［握り飯］を作らしめて腰に纏うあり、或いは蜜柑を買うあり、或いは草鞋を穿つあり、また腰に帯ぶるあり、或いは胴巻をなすあり、篭手脛当《こてすねあて》をなすあり、或いは蝋燭《ろうそく》を串に貫くあり（谷元等は貫きたるを覚ゆ。これ敵邸に差すがためなり）、而して用意各々整頓せり。

さて、鎮撫使八人は、その夜の二更頃伏見に着し、捜索して諸士の寺田屋に屯集せるを知り、奈良原（喜八郎）、道島（五郎兵衛）、江夏（仲左衛門）、森岡（清左衛門）の四氏、その家に入り亭主をもって有馬新七に用事あれば暫時の間対面致したき旨申し入る。二階へは手代と覚しき者来り、末座より、有馬新七様に御用談の方お出でに相成りました、有馬様は何処にお出でになりますか、といいければ、傍らより橋口伝蔵声を励まし、有馬新七という者はここには居らぬといえ、居らん、居らんと叫び、またその謁を請う者は誰じゃといって、更に出向かわざりければ、江夏仲左衛門、森岡清左衛門（昌純）はその詐《いつわ》りなるを慮り、階梯を登り来る。然るに有志の面々は只今打出でんずる気色にて、頗る雑踏なりしが、たまたま座に柴山愛次郎（道隆）の在るをみて曰く、有馬新七殿、田中謙介殿、柴山愛次郎殿、橋口壮助殿へ御用談ありて罷り出でたり、別席において御談じ申したし、といいければ、有馬速かに立ち出でける。田中（謙介）、橋口（壮助）、柴山（愛次郎）また続いて出でたりけるが、その時愛次郎は、静かに、御用談とあれば、と独語して最も落着きたる躰にて誠に静々と立ち出でけり。(原註6)

（原註6）　富田通信氏、傍らに在りてこれを見たりとの直話。

然るに四人の衆楼上より降りければ、鎮撫使奈良原喜八郎繁等、四人に対し、われ等は久光公より態々の使命を帯びてここに参れり、諸君錦屋敷において御用あり、迅かに御前へお出いであれとの命なり、くれぐれも早くお出いであれかし、と申述べ、且つ今朝廷の御様子は云々、久光公の御尽力はかくかくと語りて、必ず一挙の企ては思い止まるべし、と力を尽くて説諭さる。有馬等なお聴かずして、早速罷り出でたくは候えども、われ等今前の青蓮院宮のお召しによって罷り出でんとするところなり、久光公にも御用あらば、宮の御用済み次第、罷り出で申すべし、と答えければ、鎮撫使大いに激昂して曰く、諸君公の命に違背あらば、すなわち割腹なさるべしと。有馬等、たとい久光公の命なりとも、宮の御用済まざる前、何条割腹など叶い申すべき、といいければ、されば上意討ち致すべくとの公の命を帯び来りしが、苦しからずやといいけるに、たとい上意討ち致されても苦しからず、と対えけるを、道島（五郎兵衛）どうしても聴かぬかというに、田中謙介、事ここに及びし上は聴かぬという。それではどういうても聴かねば上意［討ち］なりと呼ばわりて、道島（五郎兵衛）抜き打ちに田中謙介の眉間を切る。謙介、急所なれば眼球脱出し気絶してすなわち斃る。山口金之進は刀を按じて愛次郎（道隆）の後に立ち、事の成否を待つ。議果して協《ととの》わず挙座争闘す。金之進電光の如くに刀を抜き、叱咤一声両段に柴山愛次郎の肩を交斫し、左右の肋［骨］に至る。(原註7) 愛次郎すなわち斃れ、その形矢筈の如し。(原註8) 愛次郎かつて大坂に在る時いいけるは、予は上意討ちなどの来る時は、決して手向いは致さずして切らるる考えなり、と。さればにや、二階を降る時太刀を態々《わざわざ》二階に擱き、鎮撫使に対し副刀も抜かず、聊か［も］手向いをせずして切られしという。(原註9)

（原註7） 山口、精神を込めてヱイッと柴山を両段に打ちし声、後に思えば、景綱の隣家江夏仲左衛門の大庭において、山口、立木、長棒、鎗等を打ちし時の声なりし。［景綱の弟］是枝万助も同所において稽古したり。

（原註8） 鎮撫使及び中江直右衛門の話。中江は、死躰を入棺せし人にて、景綱の親友。

（原註9） 谷元、是枝、京師の長屋においての話。

新七（正義）は、これを見て大いに怒り、直ちに五郎兵衛を斬らんとす。五郎兵衛刀を交えて闘うこと三、四合、互いに負傷ありて、新七［の］刀折る。副刀を抜くに暇なく、徒手もって五郎兵衛を壁へ抑圧す。新七、たまたま橋口吉之丞の側に来るを見て、（原註10）微かなる声にて、我れ倶《とも》に刺せといえば、吉之丞声に応じ併せてこれを串《つらぬ》けり。（原註11）新七死する時三十八。而して大山格之助（綱良）は、太刀を抜いて階下の側に伏し、もって楼を降る者を斬らんとす。時に楼上の士、楼下の擾乱を聞き、馳せてこれを覘《うかが》わんとす。弟子丸龍助（方行）、生年二十五歳、真っ先に下る。格之助、横にその腰を斬る。創《きず》太《はなは》だ深し。然れどもなお屈せず、主水正正清の刀を揮い、火花を散らして激闘し、終に乱刀の下に斃る。橋口伝蔵また下る。格之助横にその足を薙ぐ。伝蔵少しも撓まず、縦横奮闘、終に鈴木勇右衛門の横鬢を切って耳を落し、その働き頗る鋭し。ここにおいて男昌之助すかさずこれと渡り合いて闘いけるが、伝蔵数ケ所の深手を負いければ、ここに闘死すという。西田直五郎（正基）は、階段近き辺にて是枝万助（快次）へ牛皮の腹巻を着せ居りしが、楼下に切声の懸りけるを聞くと等しくそれなり刀を携え何事ならんと階梯の一、二段辺に降り、折角下を見卸し居りけるところを、上床源助下より鎗をもって突きければ、転び落ちて働けると見え、後に万助等彼が刀を親しく見しに、その刃あたかもササラの如く折れ居たりという。（原註12）森山新五左衛門（永治）は、廁へ行き出んとするや、たまたま有馬等の鎮撫使と奮闘するを見て、直ちに一尺三寸の副刀を揮うて格闘し、身［に］数十創を蒙り階下の土地に仆《たお》る。

（原註10）　吉之丞何時楼上を降りしか。切合稍々止みし頃かと万助語れり。

（原注11）橋口［吉之丞］錦邸において直話。衆もこれを聞く。この時、有馬、道島も数ケ所負傷して身体自由ならざりしかと評せり。

（原注12）景綱、奈良原と応接の時、階梯一、二段のところに鮮血淋々として滴るあるを見たり。これ源助の直五郎を刺したる血痕なりし。

橋口壮助（隷三）奮戦して深創を負う。創《きず》、肩より乳に及ぶ。気息ほとんど絶す。時に喜八郎また肩に創を蒙り、流血淋漓来りて傍らに在り。壮助これを顧みて呼んで曰く、請う、幸いに一杯の水を賜え、と。喜八郎すなわち諾してこれを与う。壮助欣然一飲して曰く、嗚呼われ等死すと雖も、なお卿等のある在り、また遺憾なし、今より後天下のこと挙げて卿等に嘱す、卿等それ熟くこれを謀れ、と。いい訖《おわ》りてすなわち瞑す。享年二十二。而してこの事たる［や］意外に起り、剣声内に響き、刀光外に閃めく。同舎の覇客見て大いに駭き、皆その難を避けんと前に在るところの蓬莱橋を争う。たまたま大牛車（当地方の牛は殊に大なり）を牽き来てその［橋の］上を過ぐ。故に轣轆《れきろく》の声響音と相和して轟々、恰《あたか》も三軍の襲撃するが如し。ここをもって衆おもえらく、敵兵至る、と。美玉三平（親輔）、もって伏水［伏見］奉行の兵来り襲うとなし、呼んで敵兵侵撃火をこの屋に放つという。また曰く、既に梯子《はしご》を架すべし、皆々用心召され、と。挙座戒必す。河野四郎左衛門、坂元彦右衛門、町田六郎左衛門の三人は、白尾家の大柄の鎗を握り、大山弥助（巌）、篠原冬一郎（国幹）の両人は梅田家の柄細き長鎗を握り、木藤市助、西郷新吾（従道）の両人は常は田代家の薙刀なれども、その日は持たずして刀なり。永山万斉（弥一郎）、谷元兵右衛門（道之）、吉田清右衛門、岩元勇助、吉原弥次郎（重俊）、林庄之進、美玉三平、白岩休八、深見休蔵、岸良俊助、森新兵衛、三島弥兵衛（通庸）、伊集院直右衛門（兼寛）、松田東園、大脇仲左衛門、指宿三次、柴山龍五郎、弟是枝万助（快次）は、各々刀を提げ、敵いずれに来るや、出でて戦わんとし、川端通りの楼窓より下を覗うあり、また階梯を降りんとするあり。是枝万助は、西田（直五郎）が着せ掛けし腹巻を能く着直し、階梯を降り見んと下を見卸すに、万助の親友上床源助階下に在り、頻りに首を左右し、下るべからざるの状を示しければ、少し猶予せしところに、龍五郎、兼定の白鞘の白刀を右手に提げ挺先し、将に階梯を降りんと楼下を見るに、江夏仲左衛門手より鮮血を滴し、山口金之進眉間より鮮血に染み、大山格之助（綱良）は草鞋を穿ちて地上に立ち、鈴木庄之助、上床源助等各刀を提げ、楼を下る者を待つが如し。

時に、奈良原喜八郎、また肩に鮮血を流して楼下に在り。龍五郎を見て拍手連呼して曰く、龍五郎、暫く待て、君命なり、卿等宜しく久光公の前に出でて、具《とも》にこの状を陳ぶべし、而して久光公また固より同意のことなれば、更に公に頼りてもって謀るところあれ、もしこれを聴かずして事を敗らば、天下の大事はこれ切りにして、また成すべからず、請う、熟図せよ、と。万助、これを一見しおもえらく、阿兄意気豪鋭、恐らくは過挙あらん、弟先づ下らんと、後よりその帯を攫《つか》み牽く。龍五郎、なお依然として奈良原に向い問うて曰く、久光公の尽さるるところ如何。奈良原答えて曰く、御尽し最中にして、計画殊に宜し、と。衆後に在れども肯《かえん》ずるの色なし。喜八郎すなわち押肌抜き、双刀ガライ[がらり]と抛ち、止まれ、止まれ、頼む、頼むと合掌し（この語は富田等も覚えて直話）、卿等なおわが言を疑うか、われ今すなわち斯くの如し、盍《いずくん》ぞ速かに和解せざる。龍五郎おもえらく、かれ素《もと》と勤王の士、而して今この挙を止むること斯くの如く切なり、顧うに故あらん、忤《さから》うべからず、と。奈良原に向い、そうだろうか（左様なるべきか、の薩言）(原註13)、然らば当《まさ》に衆と議すべし、と。言未だ終らざる頃、西郷新吾は上意なりと聞き、ことさらに刀をば楼上に擱きて階梯を降りる。伊集院直右衛門また相踵《つ》いで下る。鎮撫使は君命をもって百方これを諭止す。龍五郎は、衆と一旦座に復し、喜八郎のいうところを議するに、永山万斉（弥一郎）、谷元兵右衛門等を始め、事既にここに至る、また為すべからず、潔く屠腹してもって赤心を明かすに如かずと、その論甚だ盛んなりしが、或［る者］はいう、幸い久光公同意なれば公の前に出でてこの状を具し、公に頼りてもって志を果すに如かず、と。議論紛然として更に決せず、刻頗る移る（景綱記憶）。

（原註13）［後に］景綱謹慎中、奈良原喜八郎、森岡清左衛門来り訪う。時に喜八郎は、景綱に向い、足下が階段より、「そうだろうか」といいし時の嬉しさは、今なお忘れ難しと話せしことあり。当時まで森岡の妻たりし景綱の妹は、襖を透して能く聞き取りしと、今に覚えて語り合えり。果してこの時の事なるべし。

また山口金之進来訪し、爾来の久濶を叙し、談寺田屋の事に及ぶ。山口曰く、当時卿等二階から下り給うと、我々どもは迚《とて》も助からんとでごあんしたどん、御聞入れ下さって下っ給わんだったで、ようごあんした、と。景綱また、私も三日あとに母などが妻を持たせましたといいければ、山口これを聞き、これはようごあんした、ようごあんした、と満足して話せしは、万助記憶して、今なお語れり。

ここにおいて、喜八郎一人楼上に来り、促して曰く、卿等暫く鎮静し給え、我々は彼の四人の外決して諸君に抵抗する者に非ず、彼の人々は君命に違犯せし故、已むを得ぬ仔細あり、討果しになりぬれどもは諸君においては罪は無し、且つこの挙は我々もまた賛成なり、迅く久光公の前に出て悉くこの状を申陳あるべし、また不審の廉《かど》もあらば、委細の事は錦屋敷において談話せん、何分早く出でざれば益々時間も移るべし、と。今割腹せんか、切死せんか、はた君前に謝罪して再挙を計らんか、三つの境の処なれば、喜八郎説諭最も力《つと》む。衆曰く、なおまた議するところあり、請う、楼を降り暫くこれを待て。喜八郎すなわち階を降り去る。その降るに及び、田中河内介を伴い降る。初め、牧［真木］和泉守、田中河内介等は階下の奥室に在りしが、河内介は楼に登り、日の丸の扇を煽ぎながら始終諸士討入り支度の広間を徘徊し居りける処に騒擾起りてここに在りしが、奈良原これを見て伴い下り、牧［真木］、田中両人へ久光公の命令を悉く説《くわし》きたりけん（史談会速記録、及び義挙録、また景綱記憶）、暫くして牧［真木］、田中両人別階より登り来て席の中央に坐し、いって曰く、私は牧［真木］和泉守なり、諸士に告ぐる事あり、乞う幸いに静坐せよ、今宵の事は、久光公素よりこれを賛せらる。よって倶に大挙せんとす。然れどもすでに日暮る、公の命黙視《し》難し、卿等先づ一たび錦邸に赴き、久光公の前に陳謝すべし、攻略の事の如きは久光公の意を伺い、更に明日を待って議すべし、と。衆、初めてこれに従う。

抑々《そもそも》久光公の諸士に諭さるるや、わが薩藩は朝旨を遵奉して事を処するに在り、故にわが藩に□［一字不明］頼する者は必ず暴動すべからず、須《すべか》らく沈着して時機の至るを待つべし、と。その意、干戈を用いず、国体を傷わず、幕府を扶け、公武合体を目的となす。然れども当時幕府の威権なお猖獗にして、果決勇断の挙に出ること頗《すこぶ》る難し。ここにおいて有馬新七（正義）、田中謙介（盛明）、柴山愛次郎（道隆）、橋口壮助（隷三）及び田中河内介等相議して曰く、兎にも角にも、尊攘を大主眼とする事なれば、第一奸吏を剿絶せざるべからず、今の世に当り尋常手段をもってこれを為す、豈に至難ならずや、故に先づ兵を挙げ、九条関白と酒井所司代とを除くべし、然らばすなわち列藩の酔夢を覚破して一新の端緒これより開けん、これ久光公の意に忤《さから》うに似て、その実忤うに非ず、ただに忤うに非ざるのみならず、却ってその志を遂げらるるの導火線となるべし、今や諭示に従い沈着して時機を待つは正兵の道なり、兵を挙げて奸を除くは奇兵の法なり、正奇相備わりてそのこと完成すべし、と。その議一決して、終に四月二十三日をもって事を挙ぐるに至る。（原註14）

（原註14）　小河弥左衛門私記。弥左衛門は当時評決の座に在りし人なり。

同志の士皆楼を降り、地上に立ち出で、戸口に向って歩むこと二間余、時に龍五郎暗中屍を踏む。耳を付けてこれを窺うに気息既になし。同志に問うて曰く、斃れし者は誰ぞ。吉田清右衛門曰く、森山新五左衛門（永治）（森山は吉田と五人組なり）なり、新五左衛門先に廁に行き、爾後登り来らず、と。新五左衛門の廁に行くや、諸士の鎮撫使と奮闘するを見ること急にして、楼に登るに暇あらず、一尺三寸の副刀を揮って格闘し、身数十創を蒙り斃るという。龍五郎、諸士と寺田屋を出でて京師錦小路の藩邸に至らんとするや、おもえらく、新五左衛門すでに死し且つ有馬（新七）等もまた死せり、その他同志の死せし者誰々なるやと、心中憾慨に堪えず、たまたま路の左傍に菜圃あり、入りて屠腹せんと想いしこと幾回なるを知らず。而して同行の諸士ただ我が薩藩のみならず、牧[真木]、田中等の人ありと雖も、暗夜にして知ることを得ず。喜八郎すなわちこれを導き、衆に先立つこと三、四十間、ともに藩邸に至れば、門前掲ぐるに高灯をもってし守衛厳然たり。既に門内に入りし時、奈良原喜左衛門（清）（同人は景綱に誠情を尽くしくれたる人にして、この人の実意は肝に銘じて今なお忘れず)、龍五郎の在るを見て、愕然として曰く、吾子［貴君］にしてこれに与みするは、そもそもまた何の心ぞや。龍五郎曰く、卿また怪しむなかれ、上は朝廷のため久光公のため、下は諸民のため、予《かね》て諸君より聞き得たるいわゆる大姦賊の首を刎ね、もって満天下の士気を風励せんと欲するのみ、と。奈良原(喜左衛門)曰く、誰をか大姦賊という。曰く、九条関白、酒井所司代、これなり、且つ聞く、足下はじめ大久保(一蔵)等、この頃君辺に出て尻が煖まり、悉《ことごと》く因循姑息の説を主張せらると、果して然るか。曰く、余、豈に敢えてせんや、虚構また信ずるをやめよ。ここにおいて、談、錦旗の賜りもの及び中山大納言贈歌等のことに及ぶ。奈良原曰く、嘗ってこのことなし、そもそも久光公報国尽忠のこと、余、大久保、(一蔵)、海江田(武次)とその命を奉じ大坂に至り、有馬(新七)、田中(謙介)、柴山(愛次郎)、橋口(壮助)に対し懇諭既に数回に及ぶと雖も、彼等頑然固執して聴かず、ややもすれば婦女を擁し、或いは席を乱してもって無礼を極むるに至る、また久光公の報国尽忠の状、目下かくの如しと、詳《つまびらか》にこれを説く。

ここにおいて龍五郎頗《すこぶ》る悟るところあり、去って藩邸に至り悉くこれを同志に告ぐ。皆曰く、事聞くところと齟齬す、この上は罪を謝し、もって久光公に扈従して江戸に赴くに如かず、と。すなわち議を決し、吉井幸輔（友実）をもって公に懇願す。然れども、一挙の根源且つ同志の死亡、再挙の不実等、彼を想いこれを願うて、諸士何となく欝々として、ややもすれば割腹論を主張するに至る（谷元、その他の覚え）。一挙の列は、二十三日の夜半錦邸に着するや、久光公命じて先づ謹慎せしめ、即時より吉井幸輔（友実）、伊地知正治（正治軍賦役、我輩書籍の師匠たり）両人、日夜代わる代わる居室に来て、その挙動を視察し警護暗に厳なり。然れども、優待厚遇与うるに嘉羹鮮魚（鯛を用ゆ）をもってし、器具（五ツ組の椀）また清潔且つ毎日浴湯を賜う。（景綱記憶）

景綱故郷に在り［て］奈良原（喜八郎）と僅かに高嶋某の空屋敷（淵部直右衛門後にここに移る）を隔てて生る。ために幼少より親友たり。ことに出京までは国にありて同勤せしが故に、同氏が勤王憂国の至情は飽くまでこれを識る。曩《さき》に龍五郎等寺田屋の楼上に在り、下座敷の騒動を聞き楼を下らんとするや、階下に喜八郎ありてこれと応接し、ために円滑なる結果を得る。この時に当りもし他人［と］出会わせば、こと恐らくは破壊するやも知るべからず。然るときは自然楼上自尽［自刃］も多く、また切り出づる者もあるべく、もとより人員多ければ双方惜しむべき人物の多く死を致す［こと］また疑いを容れず。果して然らば、すなわち朝廷且つ主家の不幸計るべからざりしを、今にして想えば、我が帝国の至幸といわんか。当時喜八郎肩に刀傷を負い身体疲労すと雖も、縦横に君命を説き、衆直ちに肯んぜざるの気を察し、腰肌を抜き、双刀を抛ち、合掌なお説く。その即智の手段、人をして喫驚せしむ。衆楼上において割腹恭順等討論の最中、なお進んで楼上に登り、また君命をもって百方これを和解し、尋ねて田中［河内介］を呼んで楼を降り、牧［真木］和泉の居室において君命の黙視し難き所以《ゆえん》を説き、終に両氏（田中河内、牧和泉）に久光公の趣旨を悟らしめ、衆楼を降りるに及んでや、己れ錦邸に先導をなし、而してその使命を全うす。奈良原（喜八郎）は真に智勇の士というべし。

同二十七日朝四ツ時（午前十時）頃、奈良原喜左衛門、海江田武次、松方正作［正義］、我が一列の屏居する長屋に来り、ひそかに龍五郎、弥兵衛［三島通庸］を庭上に招き、告ぐるに帰国のことをもってす。龍五郎肯んぜずして曰く、令弟喜八郎、はじめ君命を説き且つ曰く、久光公の心中尽忠報国の外なし、卿等宜しくその志すところをもって公の前に具陳すべし、公もとより賛成なれば事必ず成るあらんと、百方説くところあり、彼もと尊王の義士、而してこの言あり、衆皆これを信じ、すなわち寺田屋の楼を出て錦邸に至れり、然して吾子［貴君］余がこれに与《くみ》する所以《ゆえん》を怪問す、よってその顛末を告ぐ、時に吾子方［貴君等］今久光公の忠君愛国の件を詳話し、余等の先に田中（謙介）、有馬（新七）等より聞くところ大いに齟齬あるを諭さる、余また悟るところありてこれを同志に告ぐるに皆曰く、初め聞くところと事大いに違う、然らば罪を謝してもって公に扈従し江戸に至るに如かずと、すなわち議を決して久光公に懇願せり、然るに今帰国せよとは、何ぞその飜［反］覆常なきの甚だしきや、もし当時喜八郎が黙止し難き君命の説諭なくんば、まさに寺田屋の楼上に屠腹すべし、豈に生きてここに至らんや、今一事の成る無くしてまた何ぞ国に帰るに忍びんや、と。喜左衛門怒って曰く、卿等初め既に彼等に欺かる、忍んで国に帰るの外、豈に策あらんや。武次傍らに在りて大いにこれを慰諭す。正作また諭して曰く、孔子いわずや、小《ママ》く忍びざればすなわち大謀を乱ると、しばらくこれを忍ぶに如かず、素志の成否豈にこの一挙に止まらんや、と。然れども龍五郎、弥兵衛固く執って肯んぜず。喜左衛門等止むを得ずして去る。而して九ツ時（正午十二時）頃召さる。御供目付山口彦五郎、海江田武次、公の命を奉じて令書を授く。曰く、速かに海路もって国に帰るべし、と。龍五郎等無念遣る方なしと雖も、公の命また如何ともし難し。慨嘆して帰国の途に上る。

時に山本四郎（義徳）は門閥家関山糺の陪臣なりしが、感冒にて着京直ぐより臥蓐《がじょく》［病臥］す。四月二十七日既に出発せんとする時、軽卒数人来りて四郎を京師錦小路の薩邸に縛せんとす。四郎大いに怒り副刀（一尺三寸五分位）を揮って左右を払う。事不意に出づ。卒すなわち散る。四郎、その鋒を返し自ら屠腹す。未だ死せず。卒間を得てこれを捕え、乗せるに竹輿をもってす。四郎輿中に在りて呻吟す。伏見薩邸下に到るころ、声息全く絶う。年二十四。初め四郎の自殺するにあたってや、上田（軍六）、鵜木（孫兵衛）両人（横目付）来たり、声を励まし卒にいって曰く、陪臣の罪ある、これを縛するは、これ藩法なり、然れども今日のこと尋常の罪人と異なり猥りに縛すべからず、と。また義徒富田（通信）、池上（準之助）等を丁寧に諭す。これによって、山本四郎はじめ他に陪臣郷士等ありと雖も縛に就くを免る。もし上田（軍六）、鵜木（孫兵衛）の言なかりせば、いずくんぞ免るるを得んや。四郎、本名は神田橋（直助、義徳）という。これより先、文久元年（辛酉）［一八六一］六月十七日、江戸において洋人を斬りたる嫌疑を蒙り、芝薩邸にて山本四郎と変名申付けられ、薩藩頴娃郡目渡（五助）とともに国に帰さる。帰途故あり甑島に寄る。時に龍五郎、同島の蔵方在勤に在り。四郎これを訪い、語るに行路の費に乏しきことをもってす。龍五郎すなわちこれを弁じて与う。

龍五郎等は、伏見板橋なる薩邸の下より二、三艘の小船に分乗し、即夜淀川を下り大坂に達す。ここにおいて衆を分ちて二十余反帆の二船に配す。一は、すなわち岩元勇助、西郷新吾、大山弥助、三島弥兵衛、木藤市助、伊集院直右衛門、篠原冬一郎（国幹）、坂元彦右衛門、森新兵衛、深見久蔵、吉原弥次郎（重俊）、また横目役（監察）両人、足軽数十人これに乗る。一は、すなわち永山万斉（弥一郎）、柴山龍五郎、実弟是枝万助、林庄之進、谷元兵右衛門、吉田清右衛門、町田六郎左衛門、白石休八、岸良俊助、橋口吉之丞等これに乗る。横目役渋谷三之助、伊集院直次及び足軽数十人これを警護し、纜を大坂河口に解く。たまたま途中より具風俄かに起り、帆檣掀飜漂蕩して長州瀬戸に至る。将に碇を投じて泊せんとす。風涛益々奴号し、碇綱四条を断ち僅かに一、二条を存するのみ。船これがために転覆せんとするもの数次、これに加え、大坂河口解纜の頃より衆麻疹を患う。なかんずく龍五郎予て腸胃病に罹り吐瀉甚だしく、身体ために頗る疲労し苦痛いうべからず。

この時止むを得ざることあり、船中鮮血を流すの惨を見る。（編者註）肢体散乱、腥血瀼々、天色またこれがために一層の暗澹たるを覚う。風は益々烈しく浪は愈々怒り、忽ちにして船九天に上るかと見れば、忽ち深く海底に沈む。仰げば頭上寺田屋に闘死せし九士の髪及びその腥血に染みたる刀剣の懸るあり、俯せば血痕の席上に淋漓たるあり、而して船は将に覆らんとするものの如し。外部の状景既に人をして悚然として肝胆を寒うせしむ。但し、外よりの苦痛はなお忍ぶべし。然れども龍五郎等また内に苦痛のこれに伴うあり。顧れば、同志交友九人は露の命を果敢なくも伏見の逆旅に三更の灯と消え、我等余生を全《まっと》うして貪るが如くになおここに存《なが》らう。夢か現《うつ》か、はた幻《まぼろし》か。来時を想えば、我等先に国法を犯して藩邸を脱しその罪死に当る。故山に帰るも自裁の刑を免るべからず。これを思い、彼を想えば、百感蝟集、心緒紊乱、今にしてこれを思えば慄然たるの感あらしむ。(原註15)

(編者註)　柴山景綱や実弟是枝万助が乗った第二船には、寺田屋事件の際、「義挙」に参加して久留米の真木和泉とその場に在った中山大納言忠能の家臣田中河内介(尊攘派志士)が、その子磋磨介と共に、薩摩へ護送のため乗船させられていたが、薩摩藩吏は冷酷にも河内介父子の播磨沖での殺害を同志たる「義挙派」の藩士に命じ、これを実行させた。

(原註15)　船中は始終みな呉蓙一枚の上に起居す。当時永山弥一郎等の勇士あり。弥一郎、或る時景綱に語って曰く、男子死して体など人に見せてたまるも

のか、体は灰燼となさざるべからず、と。十年の役［西南の役］、弥一郎、肥後川尻において税所佐一郎と鞴刺［刺し違え］す。死に先立ち、或る農家を百金にて買取し、火を放ってその中に在り。死体すべて灰燼となり、僅かに足の一部を遺すのみと。すなわち平生の言に背かず。人呼んでこの役第一の死状《しにざま》なりしという。

而して五月十二日始めて国に達し、即日各自家に幽せらる。而して弟万助、謹慎中朝夕書史を誦習して敢えて懈怠《けたい》せず。一日、龍五郎、これに諭して曰く、宜しく木刀を試用し、もって鬱気を散遣すべし、然からずんば恐らくは病を生ぜん、と。万助曰く、禁錮の身死旦夕に在り、何ぞその鬱を散ずるを用いん、僅かに書帙あり、我が心を養うに足る、請う、阿兄また憂うるなかれ、と。

初め義挙を謀るに際し、鹿児島の城下（下荒田）に仁礼某（西南の役、有名の聞えあり）あり、当時造士館において柴山（愛次郎）、橋口（壮助）、田中（謙介）等と同論なる慷慨家の訓導なり。三島（弥兵衛）等と同じく小野（強右衛門）の隊下にて上坂しけるが、同地（大坂）なる或る寺院の玄関において、柴山（愛次郎）より伏水［伏見］一挙のことを説きしに、彼曰く、予は君辺の趣旨を遵守するをもって、その挙には同意し難し、と。柴山は、なお岳飛岳雲（編者註）の事跡を引証し、懇篤説示せしと雖も、彼なお承諾せざりしという。三島これを聞き、是枝万助（幼より書籍を三島に学ぶ）に向って曰く、仁礼某は造士館屈指の士なりしが、愛次郎が一挙のことを説くや、彼これを肯んぜず、今にしてこの人を存し置かば、恐らくは密事彼より漏れん、万助ドン（殿の方言）、速かに彼を除くべし、と。万助曰く、諾と。すなわち仁礼某を人無きところに誘い曰く、足下造士館においては屈指の士にして、今この義挙に不同意を唱うと聞く、故に万助ここに足下を刺し殺さんとす、足下それこれを知れと、胸ぐらを攫みければ、仁礼某愕然謝して曰く、予も三島弥兵衛さんたち（等の方言）と同意じゃ、同意じゃ、胸は先づ赦るせ、と振り放ちて逃げ去りしという。

（編者註）　岳飛は（一一〇三――一一四二）は、中国南宋の武将（河南湯陰の人）。高宗に仕え、「岳家軍」を率いて湖南の乱を鎮圧し、湖北・河南の金軍と戦ってその南進を阻止し、最高軍事指導者の一人となった。高宗と宰相秦檜は「家軍」の中央直轄軍へ改編と金との講和の方向を推進し、最強軍の保持と金との戦争継続を主張する岳飛と対立、これを謀反の建議で逮捕、毒殺した。岳飛は、後に名誉回復され、武穆の諡号を受け鄂王に追封された。元代には漢人から救国の英雄とされ、明、清時代には真心をもって国家に奉仕する人物の典型とされた。

大山弥助は薬丸半左衛門が隊の戦士なりしが、鎗術鏡知流の達人にして、柄細き長鎗を携有す。然るに一挙に際し衆に怪しまれんことを恐れ、これを邸外に出す能わず。弥助ほとんど窮して万助に謀る。万助曰く、事甚だ容易なり、と。すなわち弥助を邸外に出し、自身邸内を窺えば、鎗は、かの剣術の薀奥を極めて有名なる半左衛門が枕頭の床上に在り。一面は気早き半左衛門が覚らんことを慮《おもんばか》り、また邸内を四顧すれば、同隊枕を並べ、且つ四月の下旬にして襖は悉く架し、閾［敷居］を隔つる毎に一隊々々寝臥しあり、自他の隊中或いは目覚めし人のあらんことをおそれ、左顧右眄《べん》、熟視これを久しうす。然るに、独り谷山彦右衛門が故山に贈るの書を裁するあるのみ。他みな熟睡せり。ここにおいて密かに忍び［入り］薬丸が枕上の床に立て掛けたる長鎗をすらすらと取り出し、邸内水流し口よりこれを邸外に在りし弥助に交付せり。弥助は、事の或いは発覚せんことを憂い、今や今やと待ち侘び居たるところなれば、万助の無事に取り出せしを大いに歓び、直ちに携えて彼の橋口（壮助）、柴山（愛次郎）等の投宿せる中の島の旅舍魚屋に至り、これを預け置きたりしという。

同年十一月に至り謹慎を宥され、且つ久光公御先供の職に復す。

六、文久三年上京の事

去年寺田屋の事に与《あづか》りし者は、他国へ出るの禁制を解かれざりしが、今ここ文久三年（癸亥）［一八六三］の春、久光公将に京師に入らんとするや、側役中山中左衛門は柴山龍五郎、三島弥兵衛［通庸］をその家に招き、告げて曰く、今日の事は至重なり、必ず忽諸《こっしょ》［おろそかにすること］に附すべからず。偖《さ》て久光公今般上京、卿等に随行を命ぜらる、よって供奉《ぐぶ》中公事にあらざれば、決して他人に接するなかれと、深く戒め且つ重要なる事項を諭さる。（原註1）

（原註1）　この時、松方正作［正義］、龍五郎を自宅に訪う。偶々座に来客あり、避けて庭前に出づ。正作曰く、曩《さき》に或る人久光公の庭前に伏し、寺田屋事件に誘われし卿等の謹慎を宥されんことを請願し、且つ本人は勿論、阿母の

悲歎の状況等を具《つぶさ》に陳申せしに、公は慈母等の心情を察し深く哀憐を垂れられ、ただに謹慎を免ぜられたるのみならず、勤務も旧に復せし事なれば、今回の上京は一層注意して他藩の人士または浪士等に容易に交わりを結ぶなかれと懇諭して去る。或る人とは奈良原喜八郎なりき。

かくて久光公は三月四日をもって前の浜より汽船に乗り、海路上京の途に就かる。龍五郎また扈従す。同十日伊予の洋にて島津淡路守（佐土原藩主）殿帰国の途に逢いて、都の消息を聞き、同十一日兵庫より上陸し、同十四日上京し、その日直ちに近衛殿に伺候せられ、中川宮（この青蓮院の宮には、文久三年二月朔日、御還俗の内命あって、同十六日中川宮と称せらる）、鷹司関白殿、一条殿、山内容堂殿にも面会せられて、今日は腹蔵なく十分に具申すべし、忌諱嫌疑宥捨を願うなりとて趣意書を出し（書は略す）、夜に入るまでその得失を論じて後に、知恩院の旅館に帰られたり（薩の錦館は手狭なれば、今度は知恩院を旅館にせられたり）。

一夜藩士某、龍五郎、弥兵衛に謀って曰く、某藩の重臣某を切らんと欲す、如何、と。二人応ぜずして曰く、彼は某公の愛臣、今これを害するは不可なり、殊に吾等謹慎を釈かれて未だ幾日ならず、而してまたこれ等の事をなし、君家の難を惹き起すは為すに忍びざるところなり、然れどもなお熟慮せん、と。帰路、高崎猪太郎（五六の旧名）を訪い、議するにこの事をもってす。高崎曰く、不可なり、今にして彼を斬らば、君家の難踵《きびす》を旋さず、曩《さき》に高島鞆之助、野津七次［道貫］、赤塚源六等来りて謀るところありしが、吾これを止めたり、卿等決して為すなかれ。龍五郎、弥兵衛二人曰く、吾等もまた固より同感なり、と。払暁藩士某の旅舎に至り面謁を乞う。時に門卒曰く、主人外出、恰も今帰來す、と。すなわちこれに面し不同意の趣旨を述ぶ。某大いに諭して曰く、これは固より口外すべき事に非ざりしを、談偶々これに及び、ために二君の意を労せり、そもそもこの事は松方氏も不可と為せしなり、（編者註）と。

（編者註）　この時の事情について、柴山景綱は別に遺した「手記」のなかでは、さらに具体的に次のように記している。

　此際一夜、海江田武次、奈良原喜左衛門、子〔通庸〕及竜五郎に謀て曰く、故あり其藩の重臣某を切らんと欲す、如何に。二人応ぜずして曰く、彼は某侯の愛臣、今之を害するは不可なり、殊に我等謹慎を解かれてより未だ幾日ならず、而して復た是等の事を為し君家の難を引き出すは為すに忍びざるところなり、然れども尚は考量せんと。帰途高崎五六を訪ひ議するに此事を以てす。五六曰ふ、不可なり、今にして彼を斬らば君家の難踵を施さず……卿等決して為す事勿れ。二人曰ふ、我等も固より然か思ふなりと。払暁奈良原喜左衛門の家に至り……不同意の趣旨を伝ふ。喜左衛門大に謙して曰く、是は固より口外すべき事にあらざりしを海江田の談偶々此に及、為に二君の意を労せり、抑々此事は彼松方氏〔正義〕も亦之を不可と為せしなりと、云々。（柴山竜五郎『手記』）

文久三年春の久光の率兵滞京による武力入説が、尊攘派の間にごうごうたる非難攻撃を惹起したのに対して、海江田や奈良原は尊攘派の中心人物たる長州の久坂玄瑞の殺害を計画し、その実行を寺田屋義挙派＝薩藩尊攘派に属した柴山龍五郎と三島弥兵衛の両名に委ねようとしたものであるが、柴山、三島が冷静にこれを拒否しことなきを得た。

かくて京都にては攘夷の説盛んに行われ、また英国の一条正に迫り、都下の勢次第に変じ、久光公の説少しも行われず、今はせんすべなく見えたりければ、公は愈々帰国の心を決し、同十七日をもって朝廷及び将軍家（在京）へ左の書付を呈せられたり。

今般私儀、御内命を蒙り奉りて上京仕り、詳かに輦下の形勢を観察仕り候処、皇国の御危急は旦夕に迫り候趣、顕然相見え候に付、愚魯の身を顧みず公武の御重職方へ存慮十分に献言仕り候へども、迚《とて》も御採用あらせられ候御模様に御座なく、慷慨歎息の外は御座無く候。就いては無用の小臣長々滞京仕り候ては却って公武の御為に相成らず、讒言紛々と沸騰仕り、終には御目前に於いて騒乱を生じ候は案中と存じ奉り候。殊に攘夷御決議の上は、国許の儀三面の海岸寸地も外国に掠奪致されざる様に防戦の用意厳重に申付けずしては、御国威を貶し奉り候場合に相当り、別して恐入り存じ奉り候間、止むを得ず明日発足仕り候。急速の儀御疑いもこれ有る可く候へども、右申上げ候外に所存御座無く候。是等の趣御聞取り下され度く、伏して願上げ奉り候。誠惶誠恐謹言。

この時に当り尊攘一途の激論家は、［久光］公をもって公武弥縫《びほう》の因循説を立て国家の大計を誤る者なりと誹譏したりければ、薩州の武士はこの誹譏を憤り、一歩を過てば争闘にも及ぶべき程なるにより、淹滞する僅かに三日なれども、公は帰国の決心をなし、すなわちその翌十八日をもって京師を立って大坂に下り、同二十日に汽船に乗込み、日向の細島より上陸せらる。龍五郎は定供なれども、故ありて大坂より九州路を同役中村矢之助、供目付江夏仲左衛門等六、七人と昼夜兼行国に帰り、鹿児島城下も宿駕籠にて通過し、細島に至りここに久光公を迎え、供奉して四月十一日鹿児島にぞ着きにける。

七、中山忠光大和に破れ長州藩邸に隠るを聞き、討入らんと支度せし事

文久三年［一八六三］（癸亥）九月十二日をもって久光公府士六隊（一隊は凡そ百人）を従えて上京せらる。時に龍五郎また供奉す。これより先、中山忠光公は五月京師を脱し毛利秀斉と名を改めおりしが、御親兵の事起りてより、如何なる手続ありてか、先鋒の命を受け自ら侍従中将と称しいたりしが、八月十七日甲冑に身を固め、御親兵・浪人等百五十人ばかりを打従え、赤地の錦に菊の御紋を縫いたる旗を真っ先に押立て、大和の国なる五条の代官鈴木源内の邸を襲撃してこれを殺し、義を挙ると称し騒擾を極む。

朝廷、紀伊大納言（茂承）、藤堂和泉守（高猷）、井伊掃部頭（直憲）、松平甲斐守（保申）に追討の勅を下す。浪士竟《つい》に十津川に破れ、中山侍従遁《のが》れて大坂長州邸に隠るの聞えあり。よって速かにこれを捕うべきの命下る。薩摩の物主吉利軍吉一隊を引連れ、京都より下坂して既に長州邸に掛け合い、もし出さざれば討入ってこれを捕えんとするの際、［久

光」公、兵庫に着せらる。龍五郎は船中より発熱し苦悩甚しく、同列有村国彦、房村鉄之助両人同じく疾あり、倶《とも》に上陸せずして直ちに大坂に回船し薩摩の藩邸に至る。

偶々、奈良原喜左衛門、窃《ひそか》に龍五郎と有村国彦を呼び、告げて曰く、足下等は宜きところに来たれり、実は大和一揆の大将中山［忠光］始め一党所々の軍不利にして、過刻既に長州邸に隠れたりと、よってこれを捕うべきの命下れり、ただ今折角掛け合い中なり、もし渡さざれば邸に討入らんと評議するところに、公今着庫［兵庫着］の聞えあり、故に吉井幸輔その旨を伺いに駆けつけたるところにして、その報知次第には必ず討入るべきの積なり、と。龍五郎、有村国彦、誠に好機会に当り合い、願うところの幸いなり、景綱［龍五郎］等報知あるまでは長州邸前の旅舎に宿して、もってその報知をまつべし、討入りの節は必ずその由を告げ給うべしと、喜左衛門と相約して牛皮の腹巻を着け、今討入りと云えば直ちに飛び出すばかりの支度して、一向等討入りの報を今哉々々と待ちいたりしが、終にその事なくして止みぬ。

聞くに、吉井その旨を陳べて許否を問いしに、公曰く、長州邸内たとい中山を出さずと雖も、邸へ討入って捕うるというは大いに不可なり、宜しく我が藩邸に比してもって省思すべきなりと諭されて、終に討入りの事は止みたりとぞ。この時、仁礼（景範）も姉小路

（公知朝臣）件［姉小路卿暗殺事件］の嫌疑解けて大坂藩邸に在るを見る。

八、鹿児島湾に英国軍艦来冦の事

文久三年［一八六三］（癸亥）六月二十七日申の刻、軍艦七隻山川の方に見え、谷山七ツ嶋の灘に来る。急ぎ来意を問いしに英国の使節なり。明日国書を提出すべしという。越えて二十八日巳の刻許りに鹿児島前の浜に入る。軍役奉行折田平八、伊地知正治、造士館助教今藤新左衛門、庭方役重野安繹の四人その入艦を待って、旗艦ユラユス号（白壁艦と唱う）に乗り込みければ、彼すなわち国書を渡したり。その書の大意に曰く、曩《さき》に生麦においで我が英人を殺害せる凶行者を処刑すべし、曰く、被害者の遺族の養育料金一万磅《ポンド》を出すべし、曰く、今より二十四時間内に諾否の決答あるべし、と。ここにおいて我が藩吏答うるに、大守は現今霧島の温泉場にあり、距離遠隔、一日の間往復して報答をなす能わず、然れども留守国老の在るあり、速かに上陸して面接談判すべきをもってす。然れども彼敢えて上陸せず（この時上陸せば途に要撃せんの計画なり）。

偖て、英艦七隻前の浜に来るや、城下及び諸郷の軍隊は各々予め定めたる陣所へひしひしと備え、唯一戦に彼の敵艦を撃ち破らんものと片唾《かたず》を飲みて待ち構えたり。この時久光公は忠義公と列坐して、海江田武次、奈良原喜左衛門を居間の庭前に召し、厳然として曰く、生麦の事に対する英国の要求、今既に吾が藩に迫る、彼の事［生麦事件］はその曲［よこしま、非］かれに在るを却って我に迫る、亡状また甚しと謂うべし、汝等必ず彼の将卒を鏖殺し、七隻の船を掠奪して、吾が藩の武威をしめすべし、よって汝等適宜に勇士を精選して奮って事に当らざるべからず、その計略の如きは汝等の方寸に在らん、と。二人感慨に堪えずして退く、云々。(原註1)

（原註1）　実歴史に拠る。按ずるに、この策、奈良原等の献言に出たりという。

この日、英艦より薪水、魚、卵、野菜等の要求あり、よってなお一計を案ず（久光公記）。議して曰く、壮士数十人を勝《すぐ》りて小船八隻に分載し、その一隻は答書を持して白壁船［旗艦ユラユス号］に乗り入り、他の六艦へは品々を持運ぶ体にて乗り入るべし、砲台（景綱曰く、これ弁天台場か）はこの機会を覗《うかご》うて一発の号砲を放たば（景綱聞くところに拠れば、大久保［利通］等、各船すべて乗り込みたるを確認し、台場へ令することという）、各船の兵士［は］この砲声と同時に満艦の敵兵を斬殺すべし、また白壁船は答書を艦長に交付し、先づ談判を啓《ひら》き、号砲の下直ちに艦長を殪《たお》すべし、号砲は実丸［弾］を用ゆべし、江夏喜蔵を談判掛とし、志岐藤九郎をもって使節を斫《き》るべきとなし、町田六郎左衛門をして藩主島津の一門と称して答書を交付すべき者と定めたり。蓋し町田（六郎左衛門）は容貌偉麗にして、宛《あたか》も貴族の風姿を有するに由るなり。

既にして海江田等、戦略の次第を久光公に上申せしに、公曰く、設計頗る好し、然れども号砲に実丸を用ゆる［こと］不可なり、実丸を放たば艦躰を毀損せん、艦躰を傷けずして押収せんことを欲するなりと、戯《たわむ》れられたり、と。故に空砲を発して合図をなすべし、と。また兵士は皆短被窄袴を着け、各副刀一口を佩ぶ、蓋し長剣を腰にするときは、彼怯《ひる》んで乗艦を拒まんと軍議決し、すなわち四百余人の士卒（原註2）に指示して召集の軍令を発するに、奮って先を争うて立ちどころに軍門に聚まる。これ皆驍悍決死の勇者にして、殺気勃々、ほとんど人意の表に出たり（実歴史）。

（原註2）　景綱曰く、この時敵艦一隻に士十人、足軽十人、什長一人、合計二十一

人にして、七隻には百四十七人ならん。吾等の乗りし白壁船は二、三人多かりきと覚ゆ。四百余人とあるは、平田平六等の水軍隊も入りしならんか。大野義方、当時の令書を所持す。景綱親しくこれを見る。

時に未の中刻頃、柴山龍五郎［景綱］及び弟是枝万助に宛て、千石馬場町田民部の宅に即刻急召の令書達す。すなわち兄弟出頭するに、過刻英艦七隻当湾に入る故に、明二十九日敵艦七隻の内第一番旗艦ユラユス号（白壁船八百人乗込［乗組］しという）に乗込を命ず、且つ町田六郎左衛門は門閥にして天資優厚、容貌美麗なれば、これを島津の門葉と称し大将と定め、彼の掛合書に対する返答の書面を携帯せしむるにより、各々町田の従者となり、必ず美服を飾らず巧みに変装し、且つ笑みを含み、決死の意を顔色に顕わすなかれ、而して大久保（一蔵）等、陸に在って各船兵士の愈々敵艦に乗込みたるを確認し、合図の号砲を放つをもって、その砲声と斉《ひと》しく満艦の朱髯奴［赤ひげめ］を悉く斬殺すべしと令せらる。同組は、奈良原喜左衛門、海江田武次、志岐藤九郎、江夏喜蔵、千田壮右衛門（弟七郎左衛門と誤り、兄出でたりという）、井上直次郎、益満新八郎、上床源助、鈴木武五郎、柴山龍五郎、是枝万助、上村善之丞［彦之丞か］（この外、人名記憶せざるも、他艦よりは一両人多きを覚ゆ）、及び足軽十人なり。他の六隻に乗込みの人々は、皆装いを変じて西瓜売り或いは諸種の商人風に擬す。

申の下刻（午後五時半）頃、町田よりの帰途、龍五郎、弟万助に云って曰く、余等明日は既に船中英人と切死し魚腹に葬るの身なれば、今宵限りの事なり、祖母、叔父、叔母に今生の暇を告げ、母君等の事を託し置くべしと。未だ曽つて商店に物を購いし事あらざりし身が、今宵は永別の事なれば高麗町のある店頭より巨大の西瓜三顆を買うて、叔父有馬清之丞の宅を訪う。祖母、叔父、叔母ともに大いに歓迎し、焼酎等を勧めて頗る饗応す。傾くる事数盃、これ今生の暇乞なれば愉快に四方山の談話をなし、将に帰らんとするに及び、告ぐるに実をもってし、曩《さき》に町田民部の宅に急召あり、不肖の吾々辱くも明日英艦第一の白壁船に乗込の命を蒙れり、誠に千載の名誉なり、万一事の破れに及ばば吾が兄弟は日本男児且つ主家の名を汚さず、祖先の名をも揚ぐべき働きして、海底の藻屑《もくず》となるの決心なり、祖母、叔父、叔母君、乞う心を安んぜよ、死後の如きに至っては、母及び弟妹共に偏《ひとえ》に願うところなりといいければ、八旬の祖母、六旬の叔父、叔母驚愕啻《ただ》ならず、余等兄弟を門外に送り、いとど名残を惜みて別れける。直ちに宅に帰り、母と弟妹とに、明日は彼の英人を悉く鏖殺して日本魂の魁けをなし、吾が藩名を万里の海外まで輝かさんと、雀躍して言い聴かせ眠るをだも忘れたり。

二十九日早朝、龍五郎は自宅の西縁側において関兼房の二尺ありける朱鞘の黒柄刀に刃を着け居たるに、永山万斉（弥一郎の旧名）、その弟休清、紋章あるいと立派の帷子を着して座敷の縁側に来たりける（美服を飾るべからざるの令あり。故に立派なるを見て一驚せり）。龍五郎曰く、我が兄弟未だ喫飯せざれば、乞う先立ち行け、と。万斉曰く、愚父出勤三、四日、宿直して帰らず、故に今生の暇乞をなさんと欲すれば、一歩先に行くべしとて去る。龍五郎兄弟は喫飯して氏神及び祖先を拝し、老母兄弟に決別を告ぐれば、皆送って門外に出づ。而して龍五郎兄弟は演武館に向って急ぎ行く。然るに諸士漸々馳せ集り、議、敵艦乗込の事に及ぶ。衆中人あり（今、その誰たるを覚えず）、曰く、彼もし桟橋を徹し我が乗艦を拒む時は、如何なすべきか、と。海江田曰く、然《し》かする時は是非に及ばず必ず攀じ登るべし。この時、川上助八郎（大野義方の戦兵）等を首《はじめ》とし衆一時に発声し、彼の城壁の如き油塗りの軍艦に争って攀じ登る事を得んや、と。議論紛然たり。時に什長大野四郎助（義方）曰く、意見を述べんと欲す、如何。海江田曰く、可なり。ここにおいて四郎助意見を述べて曰く、余が意見三条あり。

第一、　余が乗込むべき敵艦の人員は四百余人と聞く、これに敵する我が同組は士十人、足軽十人、計二十人、内三人は既に病に罹り、能く戦う者僅かに十七人のみ、今この僅少なる人員をもって彼の四百有余人の大敵に当る、如何なる秘術を尽くすも人力に限りあり、豈に全功を期すべけんや、吾輩固より決死の士、敢えて生還を期せず、故に彼の敵艦に乗込み合図の砲声と共にかれ朱髯奴を斬り立つるを見ば、味方に各砲台より我々倶《とも》に彼の敵艦を撃砕すべし。

第二、　彼の敵艦を陸上より望めば、恰も岡の如し、敵もし我の気勢を察し、彼の栈橋を撤回するにおいては、到底乗艦する能わず、然る時は各人頭を敵艦に触れ砕きて帰らざるの決心せんか、この議如何。海江田曰く、その時は是非とも攀じ登らざれば、いけないではないか、と。四郎助曰く、空に敵艦に飛び乗ることを得ば、然諾を為す可なりと雖も、人間に翼無ければ豈に諾すべけんや、今乗る能わざる艦に乗り損じて敵に醜態を見せ犬死せんより、寧ろ通い船に潔く腹掻き切りて死するが見事なるべし。

第三、　百時手を尽くし、なお乗込むこと能わざる時は、一応引き回すべき合図にてもあるべきか。

今この三条を両公に伺いたきの意見なり、諸君もって如何と為す。衆皆第一条第三条を賛成し、これを両公に伺う事とし、而して四郎助は発議者なれば、海江田と共に出づべしと決す。

ここにおいて、両人直ちに赴き、大久保一蔵［利通］をもってこれを両公に伺う。時に両公も欧人［ヨーロッパ人］とは初戦にして苦心せらるるの折から、諸士皇国のため非常の決心にて潔く必死の策を上陳せし故、両公感慨の余り落涙に及ばれし、と。然れども、我が士卒を敵艦と共に合撃するは情の忍びざるところにして、この議は許し難し、また乗艦し能わざるを認めたる時は直ちに引揚げの合図を為すべしとの命なり。大久保これを両人に伝え、両人演武館に帰り、またこれを諸士に伝うれば、諸士これを聞き君恩の厚き感涙に堪えずと雖も、今回は事尋常に非ざれば、合図の号砲と等しく敵を鏖殺するの時、味方各砲台より吾輩共に敵艦を砲撃してこれを討ち沈め、朱髯奴を悉く海底の藻屑となし、我が藩の武威を万国に輝かさん事諸士の希望なり、是非ともこの許可を切願せんと、衆、声々にいいければ、海江田曰く、諸士かくの如き切望なれば、これを両公に上陳せん、と。奈良原喜左衛門を伴い、二人出でてこれを両公に具申す。両公涙を呑んで曰く、実に人情の忍びざるところなれども、衆の決心かくの如くなれば是非に及ばず、希望の如く各台場より発砲し、敵艦を彼我共に撃ち砕くべし、と。海江田、奈良原（喜左衛門）これを伝うれば、諸士踊躍して悦び、頓《とみ》に一層の気勢を添えたり。

ここに軍議一決せしをもって、敵艦に乗込まんとして諸士或いは果物商に擬し、或いは従者に扮し、各々隊伍を正して演武館を発す。而して皆生還を期せざる事なれば、一度《ひと》君公に謁して今生の暇を告げんと、二の丸に出でてその広庭に拝伏す。時に久光公、忠義公、島津図書殿（久光公二男）、備後殿（久光公三男、今男爵珍彦殿）及び令弟方列坐せられ、国老小松帯刀、側役中山中左衛門、大久保一蔵等陪坐し、賜うに酒をもってす。且つ忠義公御意あり、曰く、各々神州のため充分の尽力あらん事、偏《ひとえ》に頼むところなり、と。而して二公涙を揮われければ、一座の公子皆悄然たり。諸士はこの優遇に接して君恩骨髄に徹し、ただ一死もって報いんことを思い、必ず充分の働きをなし、我が神州の威名を万国に輝かさん事を期せり（大野及び景綱記憶）。

少時にしてこれを辞し、下会所に赴き、各隊予定の小船に打乗り、六隻先づ敵艦に向う。昔時［楠木］正行兄弟一行百四十三人、吉野の皇居より四条畷の戦場に向いし事もかくやと思い、感慨に堪えざりき。然るに敵艦これを見て疑訝を懐きしか、敢えて本艦に近づけず。時に一艦の皎々として波間に漂うあり、これ則ち艦長乗るところのユラユス号にして、龍五郎等の向うところの艦なり。龍五郎等二隻の小船に分乗し、勇を鼓して馳せ向う。奈良原喜左衛門、船中龍五郎に謂って曰く、今彼の敵艦に至らば、六郎左衛門、喜蔵、藤九郎の三人先づ艦長の室に入り談判を開き、合図の砲声と斉しく彼の艦長等同室のものを斬るの約なり、その時は卿［君］もまた同室に入って艦長等を斬るべし、他の羇奴に至っては、予等負担してこれに当らん、と。龍五郎欣然これを諾して曰く、今や艦長室に入るの協議に与《あづ》かる、予の面目何ぞこれに加えん、必ず縦横奮闘もって彼等を鏖殲せん、と。而して龍五郎自ら帯ぶるところの刀を抜き西瓜を割ってもって互いに渇を医す。

既にして敵艦に達するや、彼拒んで乗艦を許さず。［海江田］武次、［奈良原］喜左衛門弁論大いに努め、始めて乗るを得たり。この時武次、龍五郎等三、四人やや衆に先んじて上る。然るに彼れ英人、予等の面前において一の号令を発したれば、衆奴忽ち銃を手にして整列せり。我等は刀を腰間に帯び艦の右舷に立ち居たるに、彼れ来りて帯刀を脱せん事を乞うゆえに、これを左手に持す。我がためには反って利あり。初め我等の刀を帯びて乗艦するや、満艦の髯奴雲霞の如く集り、これを甲板上に観る。予等また始めて彼等の身躯長大、緑眼隆鼻、肌膚白色にして、満面悉く髭髯なるを観たり。而して今この髯奴を柄も拳も砕くるまで薙ぎ切ることとなれども、曩《さき》に令あり、必ず決死の顔色を顕わさず、含笑もって接すべしとの事なれば、龍五郎笑を含み彼に向い、手を揚げてこれを招けり。然れども、彼如何に思慮せしや、敢えて来らず。(原註3)

(原註3) 当時龍五郎の挙動目立ちし故か、他日臥床の時、[奈良原] 喜左衛門枕辺に来りて、手招きの事を談笑せり。

少焉《しばら》くありて、[町田] 六郎左衛門等上り来り、[江夏] 喜蔵これに次ぎ、[志岐] 藤九郎は刀箇を担うて(六郎左衛門は姻戚なる小松帯刀より刀箇を借る。籐九郎従僕に擬してこれを肩にす)、龍五郎の前を通過す。故に龍五郎またその跡に尾して応接所に入る。然るに彼等三、四人列席して応対す。当時通弁は吾が長崎人と聞きしが、その実蘭人[オランダ人]なりしという。我が答弁は江夏喜蔵これをなし、互いに論難弁駁あり、江夏頗る努む。（弁論中、彼等霧島の距離を問い、已に数十時間を経過せば、大守の答ありしならんと、繰り返して屡々述べたるを覚ゆ。）

龍五郎傍に在り、左手に刀を杖つき、今や晩しと合図の砲声を待てり。時、炎熱酷烈、流汗手に湧く故に、掌を坐上に着け、塵埃を粘すること数次、蓋し鋒を交えるに当り手の滑らんを恐れてなり。而して応接所入口の方を顧るに、一異人の室外に警衛するあり、容貌槐梧、恰も仁王の如し。[海江田]武次これに接近し、頻りに彼の便々たる腹を鼓す。当時龍五郎その意を解せず。事止んで後これを問いしに、武次曰く、号砲を聞かば先づ彼より斬らんとし、試みにこれを撫でしのみ。[弟]万助また整列せる英兵の傍らに立ちしに、英兵手をもってこれを押せり。ここにおいて万助大いに怒り、忽ち英兵の髯を牽く、英兵また怒り、互いに攫み合わんとす。時に喜左衛門は刀を手にし、号砲を待って、整列せる英兵の後《しり》えに在り。万助のこの挙動を観て直ちに躍り出て急遽これを制して曰く、号砲未だ起らず、軽挙大事を誤るなかれ、と。万助乃ち止む。

日既に午を過ぐ、而して砲声起らず、諸士心中大いに疑う。時に房村猪之次公命を帯びて来り報じて曰く、他艦皆乗るを得ず、独りこの艦のみ事を挙ぐるも恐らくは全功を期し難し、汝等一度《ひとたび》帰城して更に再挙を謀るべし、と。故に、各々敵艦を辞し、小船に乗り岸に向って帰る。龍五郎また船中西瓜を割く。これを出船の時に比すれば、その味遥かに美にして且つ大いに渇を解くを覚ゆ。既にして船岸に達す。喜左衛門、武次登城して公に具状し、他の諸士多くは台場に赴く。龍五郎、［井上］直次郎、［益満］新八郎、［上床］源助は下会所に至る。而して或いは仮寝し或いは談話す。かかる処に喜左衛門、武次、軍役奉行折田平八を伴い来り、報じて曰く、君命あり、再び敵艦に赴き、藩主の答書を授くべし、と。初め六郎左衛門の答書を携えて行き、房村（猪之次）の命令を伝うるや、これを授けて帰るべきを与えずして帰れと告ぐ。故に再び行きてこれを授くるに在り。ここにおいて諸士再び結束す。

然るに同組の士多くは散じて在る者僅かに六、七人に過ぎず。龍五郎私《ひそか》に意《おも》えらく、今また敵艦に赴く事、必ず敗れん、憾むらくは僅少の味方をもって多数の敵人を斬獲する事難かるべし、と。武次また曰く、吾が組の諸士焉《いずく》に行きしや、今ここに在る者僅かに数名に過ぎず、と。喜左衛門曰く、この行万死を免れず、何ぞ人数の多きを要せん、ここに一人の死を減ぜば、また我の利ならずやと、共に一笑して発す。既にして海岸に至り、将に纜を解かんとす。会《たまた》ま吉田清右衛門、林庄之進馳せ来り、倶《とも》に乗船せんと乞う。衆相顧み微笑して曰く、彼等この行の何たるを解せず、或いは舟遊の如く思慮し来るか、乗船また妨げなしと。便《すなわ》ち同船して行く。

時に東風劇烈、黄昏《たそがれ》に至り始めて敵艦に達す。この時は［折田］平八、喜左衛門、艦長の部屋に入る。龍五郎等は室の傍に在り、屡々これを窺《うかが》う。両人答書を授けて頻りに弁論す。夜に入る頃、龍五郎、新八郎、直次郎と試みに甲板上に上る。時に一髯奴の酒に酔えるあり、龍五郎の前に来り、足を踏み調子を取り謠って曰く、

ちょんきな、ちょんきな、ちょん、ちょん、きな、きな、

ちょんがなんのろの、ちょちょんが、ちょん（当時横浜辺流行の俗調）

と、且つ大砲を出し手擬［手真似］すらく、もしこの砲を放たば市街忽ち灰燼たらん、と。その亡状実に悪むべきなり。而して巨丸椎の実の如きものを棚より採り、新八郎に向い手擬［手真似］すらく、これを捧げてその重量を試みよ、と。新八郎採ってこれを乳の辺に扛《あ》［挙］ぐ。直次郎また扛《あ》げて乳に至る。彼更に龍五郎を促す。龍五郎自ら病躯の扛《あ》げ得ざるを覚り、再三頭を左右してその肯んぜざるを示す。彼笑うて自らこれを肩にし、甲板上を馳せ廻り、後徐《しずか》にこれを元の位置に置く。その力量知るべきなり。龍五郎等また談判

の如何を顧慮し、艦長の室を傍観するに、平八頻りに弁論し、喜左衛門その傍に在り、二尺許りなる白柄の刀を膝に載せ、快然としてこれを撫す。既にして相互に弁論止み、事幸いに破れず船を辞して帰る。この行真に万死に一生を得たる者というべし。

また、久光公、忠義公の居城は海辺に近くして砲丸の衝に当るをもって、近侍の人々強いて海岸を避けん事を乞う。両公これを聴許し七月朔日千眼寺に転座あり、軍令すべてここより出づ。龍五郎は兼ねて定供の役なれば、公に千眼寺に扈従せしが、英艦加治木に至るの報あり。国老小松帯刀（側役大久保一蔵、中山中左衛門その傍に在り）より柴山龍五郎、志岐藤九郎に令して曰く、聞く、英艦今加治木、帖佐、重富に向って到ると、卿等宜しくその郷兵を率い、故《ことさ》らに発砲せずして彼を陸上に誘い、接戦もってこれを鏖殺すべし、と。（この策も、前記に同じという。）

ここにおいて、龍五郎則ち徒歩して疾走す。時正に大雨なり。城下、上の平（府城の西五、六丁位）を過ぐるの途、農夫の馬を牽き来るに逢う。龍五郎多年病痾に罹り、且つ道路泥濘、到底前途の走る能わざるを憂い、請うてこれに騎る。手綱なきに苦しみ、四顧すれば会々《たまたま》或る家の門前に一婦人あり、曽つて同郷上の園に住せし四本甚左衛門の女辰子にして、年齢やや龍五郎と同じく、幼より相識れるもの、その親族四本某の家に至り、偶々《たまたま》その門前に在りしなり。よってお辰さん、馬の手綱になるものを貸して下されんかと依頼せしかば、婦人則ち腰より細帯を解いてこれを与う。龍五郎これを手綱となして馳す。然るに農事用の駑馬にして、ただ鞭うちたる時少しく馳するのみ。外見甚だ悪くして城下を過ぐ。英兵《ママ》(屯集して二の丸下の長屋に在り)これを観て皆大いに笑う。駈けて韃靼冬坂(府城の東七、八丁)の下に至れば、鞍坪に水を充たして柱に繋ぎたる一駿馬あり。龍五郎一見もって天の賜物となし、直ちに跨り一鞭を加えて吉野原に出づ。時に東風大雨を吹いて全身皆濡れ、宛《あたか》も水中にあるが如し。既にして重富、帖佐、加治木に至り、志岐(藤九郎)と倶に戦備をなし頻りに相待つと雖も、彼終に上陸せず。翌二日朝、空しく加治木等を起ちて城下に帰る。既にして五楼門前(鹿児島城の大手門)に至らんとする時、二十インチの砲丸二、三、龍五郎の前後において破裂す。その響き恰《あたか》も雷の如し。(鹿児島前浜戦争談はここに省く。)

七月七日、什長に宛て令書あり、左の如し。(当時の書付、大野義方今猶所持す。)

大久保一蔵

什長宛

異賊渡来之節於二之丸御用筋被仰付候人数今七ツ時御用候間千眼寺へ罷出候様可被申達候　以上

［異賊渡来の節、二の丸において御用仰せ付けられ候人数、今七ツ時御用候間、千眼寺へ罷り出で候様、申達せらるべく候。以上］

七月七日

ここにおいて、什長より諸士へ通達あり。柴山龍五郎は当時痢病を患い臥褥しければ、弟是枝万助出頭せしに、慰労として酒肴を賜わりける。

九、奈良原喜左衛門、景綱の病褥を来り訪い、西郷赦免の事を語りたる事

龍五郎は資性孱弱《せんじゃく》にして、英艦事件の際多少風雨を冒かせし故か、爾後痢病に罹りて臥褥す。時に奈良原喜左衛門、平田平六の両人、英船の小根占前に係りし報あり［て、］これに赴き帰宅の後、龍五郎を来訪し、喜左衛門枕頭において語って曰く、今日より当時を

回顧すれば、卿が敵の艦上に微笑して彼英人を手招きしたる状は、誠に温和にして一段の見栄えありしが、また令弟［是枝］万助氏が彼の髯を捕えて牽きたるは一入《ひとしお》の興味ありしと、呵々大笑せり。喜左衛門また曰く、今般の如き事変あるに当り、我が国は人物乏しければ、西郷吉之助（隆盛）ドン（ドンは殿の方言）なども迅く帰国（吉之助、去年春二度目の遠流）を命ぜられん事を望む、と。龍五郎意《おも》えらく、奈良原氏にして今西郷の赦免を唱道す、これ無上の幸慶なりと、大いに賛意を表して曰く、貴説誠に然り、不肖吾輩も極めて同感なり、希《こいねがわ》くは卿の尽力によって至急帰国の命あらん事を、と。爾来、伏見同列の諸士［伏見・寺田屋事件の際の同志たち］に告げたるに、各々大いに喜び今や今やと時機の至るを相待てり。この事変よりして人々愛国の情いよいよ深く、黒田了助（清隆）は久光公に西郷赦免の献言をなし、また川村与十郎（純義）、鈴木武五郎等、伊地知正治にこれを迫りしと聞く。而して川村、鈴木の諸氏へは、曽つて奈良原の発言ありし事を龍五郎より疾《と》く談話せしを覚ゆ。

一〇、長藩馬関において薩の船舶を撃沈せし談判員に随行を請いたる事

文久三年［一八六三］（癸亥）十二月二十四日、薩藩士宇宿彦右衛門等、長崎製鉄所の汽船に乗り大坂より長崎に帰航の途、下関に寄港せんと碇《いかり》を卸《おろ》せしに、長州の砲台より発砲し、船長宇宿（彦右衛門）以下惨状を極めて溺死せり。また翌元治元年［一八六四］（甲子）正月、薩の商船綿を載せ下関に寄港せしに、長人船中に闖《ちん》入して叨《みだ》りに船体を焼棄し、船頭を斬殺し、且つ故《ことさ》らにその首を大坂に梟し、掲標して罪状を鳴らせり。当時これを京師に聞き、諸士各々憤激しけるが、相尋《つ》いで長州国老益田（右衛門）等連署の書をもって薩の国老に宛て、近頃下関において沈没せし汽船あり、貴国の所有と聞く、果して然るや、との照会あり。ここにおいて在藩の壮士益々その処置の亡状なるを憤り、已に撃ち出でんずる勢いなりけるを、忠義公厳命をもってこれを制し、状を京師の久光公に報ぜらる。故にその春使いを長州に遣わし、事故の顛末を糾問せんとし、奈良原喜左衛門、高崎佐太郎（正風）に使者の内命あり。

時に龍五郎京師に在りて感冒に罹れり。而してこのことを聞くや、起きてその随従を喜左衛門に懇願すること数回、喜左衛門余が病痾等をもって百方説諭し、終にその切望を容れず。この時は既に山口金之進、鈴木昌之助、志岐藤九郎、上床源助等の諸士随従に決定しありしという。当時士気振作、苟《いやしく》も難事あれば、身その衝に当り死するをもって武士の名誉となせり。後朝命あり、曰く、薩より直ちに使いを遣わす事は猶予すべし、と。故に事遂に止む。

一一、西郷氏の赦免に尽力せし事

抑々《そもそも》、英艦戦争の年も既に暮れたりと雖も、藩邸要路には西郷赦免の説消滅して一人のこれを唱うるを聞かず。越えて元治元年［一八六四］（甲子）正月、俄然高崎佐太郎（正風）、三島弥兵衛（通庸）の旅宿なる京都室町の烏丸今出川通り米屋休兵衛の宅に集会し、議して曰く、西郷の流刑を宥して帰国せしめん事を久光公に歎願し、もし聴《ゆる》されずんば、皆君前に割腹して死諫せん、と。当時一坐の諸士は、龍五郎、三島弥兵衛、永山万斉（弥一郎）、篠原冬一郎（国幹）、椎原小弥太、宮内彦次（この時彦次は異論あり）、吉田清右衛門等なり（景綱記憶）。これより先、三島弥兵衛、福山清蔵、井上弥八郎、折田要蔵（年秀）、龍五郎等を首めとし十数人丸山に会し、西郷赦免を久光公に具状し、もし聴許なくんば君前に屠腹せんと決したり（正風、五六の筆記）。然るに、当時君前に伺候して諸事上陳する者は甚だ稀れなりしが、高崎佐太郎（正風）、高崎五六は近習を勤め常に君側に出る者なれば、黙視し難くやありけん、往いて大久保一蔵（利通、側役）に謀りしに、大久保曰く、伏見一挙列の沸騰も甚だくどい［寺田屋騒動組がわめくのも甚だしつこい］、と。高崎曰く、否な否な、今般の事件は決して小事に非ず、愈々もって大事なり、と（景綱記憶）。ここにおいて高崎五六、久光公前に出でて懇願し、退き言って曰く、予想の如く難事には非ざるが如し、或いは許可さるるも知るべからず、と。佐太郎（正風）これを聞き、君前に切願する事数回に及ぶも、許されざるのみならず、激怒益々熾《さか》んにしてまた諌むべからず、と。然れども佐太郎（正風）翌日また君前に出でて強いて懇願止まず。然るに公怒り解けて曰く、左右皆賢というに、無学の久光独りこれを遮《さえぎ》るを得ず、この上は太守［藩主忠義公］の裁決を請うべしと、小納戸岸良七之丞に書をもたらして本国に向わしむ（正風、五六の筆記）。而して岸良（七之丞）帰京頗《すこぶ》る遅滞す。

偶々《たまたま》龍五郎、永山万斉（弥一郎）と共に錦邸の長屋を出で、海江田武次、奈良原喜左衛門、仁礼平助、山口金之進、志岐藤九郎、鈴木源五左衛門、鈴木昌之助、上床源助等の同居せる長屋の門前を過ぐ。時に万斉（弥一郎）大いに激し、龍五郎に向って、曽つて奈良原喜左衛門、汝の宅において西郷帰国のことを唱道せしに、今や既に水泡に帰したるが如し、想うに異論者ありて障碍をなすならん、この上は猶予に及ばず、決心もってこの長屋に切り込まずんばあるべからず、如何、如何、といえることありぬ。また、忠義公は久光公の書を一覧あり、遂に西郷帰国許可の返書を遣わさる。ここにおいて、同感の諸士、歓喜の余り国老小松帯刀等の門に至り、謝意を表せり。黒田嘉右衛門（清綱）、折田要蔵、伊集院直右衛門等その中に在るを見る。当時龍五郎はその回礼人員多きに過ぐるの感ありき。

　かくて西郷新吾（従道）、吉井幸輔（友実）は久光公より西郷召還の使命を拝す。よって同感の諸士正月二十五日を期し、新吾（従道）、吉井幸輔（友実）の送別会を京の丸山会々堂に催す。これより先龍五郎感冒に罹り、当日初めて月代《さかやき》をなして出づ。時に舞妓（名こてい）静の長刀を揮い吉野山に在るところ等の舞を演ず。龍五郎未だ曽つて見ざるところのもの、声を発して賞賛し大いに愉快なりしを覚ゆ。吉井（幸輔）等は二月二十四日［西郷］吉之助の配所沖の江良部島に到着し、同二十八日倶に鹿児島に帰国す。三月三日吉之助上京の命あり、同十九日軍賦役の重職を命ぜらる（西郷家系図に在りと聞く）。上京の後、龍五郎、［三島］弥兵衛と伴うて西郷に旅宿に面するに、身の長け高くして全体は晩年の如く肥大ならざりき。

一二、元治元年大いに闕下に防戦せし事

元治元年［一八六四］（甲子）七月十九日、長［州］の三帥、福原越後、益田右衛門、国司信濃等、暴挙を闕下に為すに当り、薩藩は人員寡少なりけるが、幸いに交代の武士数百人その十五日をもって着京しければ、国老小松帯刀、側役西郷吉之助、軍役奉行伊地知正治参謀となりて部署を定め、急遽準備し、出でて将に天竜寺に向わんとす。軍機疾く敵軍に漏れ、同寺に屯在せる国司信濃は伏見、山崎の兵と牒し合せ、夜に乗じて逆寄せ来れるをもって、総軍の手配はすべて齟齬《そご》に及びたり。国司は手兵六、七百を指揮し、下立売御門、蛤御門、中立売御門の三面より一度にどっと攻寄せたり。中立売御門を警護せし筑前兵は一と支えもなく敗れたれば、その他諸藩の兵犇々《ひしひし》と備えたるも、これに押されて立所を失い、総崩れと相成りたり。長州勢は、素破《すは》勝軍なるぞ、攻め入れよと、公家御門前の勧修寺家、日野家の裏門より宮門指して攻掛りぬ。

薩州勢は、既に天竜寺に押寄せんと準備を為したるに、長兵が逆寄せすると聞き、透《すか》さ

ず一番隊、二番隊、三番隊を出して攻撃す。龍五郎は三番隊長たり。伍長篠原冬一郎（国幹）、戦兵桐野新作（利秋）、肝付十郎、永山休清、田実善之助、岸良俊助、大脇某を引率して直ちに錦邸を発し、近衛家の裏門より表門に突出せんとし、一番、二番、三番と順を逐うて繰出す。時に道路狭隘にして意の如く進行する能わず。而して不意に砲声四方に起り、就中《なかんづく》公家御門の一方最も劇し。

この時に方って、龍五郎の戦兵桐野新作、肝付十郎共に鎗を提げ、隊を脱して道を今出川通りに横切り公家御門に向って走る。龍五郎大声を発し叱して曰く、誰ぞや、軍令を敗る者、と。桐野（新作）、肝付（十郎）相顧み、笑いながら、この時に当り軍令どころかと、なお疾駆すれば、永山休清、岸良俊助、田実善之助、大脇某も相継いで走り、伍長篠原冬一郎（国幹）また出づ。龍五郎その部［隊］の乱れんことを恐れ、能く整理せんとし、これを追うて直ちに公家御門に駈け着きたり。当所は隈城物主野村勘兵衛手兵を率《したが》え、桑名勢と警護せしが、敵兵、勧修寺家、日野家を破り不意に襲撃せしかば、野村（勘兵衛）大いに防ぎ戦い、遂に弾丸に当りて討死し、その部下野村藤七郎また奮闘して死す。中にも一橋勢は大敗して近衛家表門の方へ退却し来るを、龍五郎の戦兵桐野新作（利秋）、肝付十郎鎗を左右に揮い、やあやあと声を掛け、もってこれを遮りければ、一橋勢もこれに勢いを得て反戦す。我が三番隊第一に駈け着き小銃を連発す。敵稍々《やや》色めくところを、一番、二番の両隊も馳せ来り、共に発銃攻撃す。黒木七左衛門（為禎）、山口伸吾等乾御門に備えある大砲四門のその一門を押し来りてこれを放ち、他の兵もまた大砲を挽き来り、龍五郎等の背後より乱発しければ、敵既に敗れて全く発砲する能わず。ここにおいて、龍五郎、村田新八、野津七左衛門（鎮雄）、桐野新作、馳せて日野家の門に至り観るに、長人その門に在り、新八に向って発言す。傍らに一人の壮士あり、右手鮮血淋漓として、龍五郎に向い謂って曰く、我等戦闘の力尽き今将《は》た如何ともする能わず、願わくは降伏を許して大砲を放つなかれ。龍五郎曰く、足下誰とか為す。曰く、里見次郎なり、と。また五、六人各々脱刀して門内の敷石に跪《ひざまづ》き、龍五郎等に向って羅拝す。故に桐野新作を遣わしてこれを本営に告ぐ。その未だ帰来せざるに先だち、竊《ひそ》かに裏門より遁れ去る。これその攻撃を緩うし、その隙を窺わんがため、佯りて降を乞いし也。また国司信濃もこの中に在り、衆と混じて天龍寺の方に逃走せりという。而して敵兵、我が麑府《げいふ》出水物主奈良原喜左衛門、穆佐物主江夏蘇介等の陣前を過ぐ。両氏曩《さき》には視て敵と為さず、一人の長藩士の小標を着せしものあるを視、始めてその敵なるを知り、直ちに手兵に号令し一斉射撃もって十余人を斃す。龍五郎往いてこれを観る、死屍順を追うて臥し、その状将棋を倒したるが如し。

なかに医師あり、担うところの器具皆舶来物なり。ここにおいてか知る、彼等［長州人］陽に攘夷を唱うと雖も、陰に欧人［ヨーロッパ人］と対州［対馬］に貿易することを。

この時に当り、我が三番隊は烏丸通り追討の乱撃に一人の敵を斃す。また、伊東四郎左衛門（祐亨）は隊長中原猶介（軍賦役）の遊撃隊にて大いに働きけるが、この戦いに七連発の元込銃を得たり。当時これを珍物とす。これ或いは下立売御門、蛤御門、中立売御門の大将国司信濃の携有するところならんと評す。西郷吉之助、税所長蔵、及び阿久根物主平田平六等は、大いに烏丸通に戦い敵数十人を斃す。蛤御門内に肥後藩高木藤五左衛門と書したる旗を負える者以下死屍累々たり。また長藩貴島又兵衛という者なりとてその死屍或る家の圃中に横わるあるを見る。後、暫時にしていずれにか運搬せられしという。また鷹司家塀外下水より門前に至るまで壮士枕を並べて死す。なかに朱鞘の太刀を帯び立ち掲げ《ママ》を穿ちたる者数人を見る。この日我が薩藩獲るところの首級二十有余、島津図書（久光公二男、故人）、同備後（久光公三男、今珍彦男）の二将これを近衛家の表門に検す。なかに桂小五郎（木戸孝允）の付箋のあるあり、人もって真と為す。生擒二十四人、錦邸稽古所（西郷寓居前）の広場に拘留し、被服飲食厚くこれを遇し、龍五郎等屡々慰問す。擒中の四、五人頗る容色あり、我が藩の壮士朝夕訪うて贈るに財物をもってせり。而して後皆長藩に送還す。

明くる二十日払暁、我が薩藩は天龍寺屯集の長州勢を討たんとトす。図書、備後の両将先陣たり。小松帯刀自ら一番隊、二番隊、三番隊の龍五郎等を引率し、今熊野の某に嚮導せしめ、雙ヶ岡より広沢の地に沿いて天龍寺に攻め寄せたるに、長勢は既に退散し唯一人の老卒在り。薩勢これを擒にし、火薬庫及び兵器等を焼棄し、在るところの米穀は兵変に罹りし貧民に施与して凱旋す。この日、嵐山において力士隊の一人、六尺許りを八角に削りたる樫木に鉄を張り鉄棒に擬したるを持ちし者を捕獲せり。

七月十九日の一挙よりして長州は全く逆境に陥りたれば、公武の間、長州征伐の議頻りに起り、その月二十三日をもって長州征伐の勅命降る。尋いで同国押えのため龍五郎等軍隊を率いて神戸に出で、或る寺院に在陣すること数か月にして広島に出づ。時に、尾張大納言小倉に本営を置き、東西牒し合わせ十一月十九日をもって四方より一挙に合撃すべしと、軍略一決せり。然るに吉川監物、毛利父子を説き、一藩の国議を定め、その月二日書を総督の軍門に出し、首謀の国老三人を首めとし、共謀者に切腹せしめ、国老志道安房等十四人許りの首級を携えて芸州に出づ。その十四日広島国泰寺において実検あり、よって諸軍引揚げとなる（景綱記憶）。

一四、四弟陶蔵を西郷吉之助に託せし事。附・吉之助金員を陶蔵に恵まれし事

慶応二年［一八六六］（丙寅）正月頃、龍五郎監団の用件を帯び上京す。時に四弟陶蔵を伴う。将に帰国せんとして西郷吉之助の旅舎を訪い、その弟新吾（従道）に頼んで陶蔵を何れの軍隊にか附属せられんことを乞う。吉之助これを諾す。よって龍五郎、陶蔵を伴い行きて吉之助に面し、深く託して帰る。時に少壮者をもって組織せし有名の一隊あり、上国寺隊（相国寺内上国寺に営す）といい、大迫喜右衛門（貞清）これが隊長たり。吉之助の紹介をもって陶蔵その隊に入る。而して入隊前後仮に吉之助の旅舎に寓す。一日吉之助棚より財嚢（鼻紙袋という）を取り、陶蔵に謂って曰く、貴下などの頃は、金がいるものじゃ、さあさあ、どしこにても［いくらでも］、取りなされ、どしこにても、取りなされ、と金子を嚢中より鷲掴みに掴み出し、ビラビラと散じければ、陶蔵陳謝に堪えず、もう、こしこは［こんなには］いりません、こしこはいりません、と固持して、その内若干円を受け、余はこれを返納せりという。(原註1) 噫、文臣銭を惜しまず、武臣死を惜しまず、とは、

それ隆盛の謂いか。

（原註1）　二弟［是枝］万助、当時宮様附にて上京中なり。同人今なお記憶して能く語る。

一五、石川清之助［土佐、中岡慎太郎の変名］、黒田了介［清隆］、村田新八等と高杉晋作の死を悼みし事、附・坂本龍馬、石川清之助横死の事

慶応二年［一八六六］（丙寅）もしくは三年［一八六七］（丁卯）、京師において土藩石川清之助（同藩坂本龍馬の親友）、薩藩黒田了介（清隆）、村田新八、龍五郎等と相会し（石川の寓居なりしか、黒田、村田らの旅舎なりしか、今記憶せず）、談種々に渉る。時に石川清之助が長州の人傑高杉晋作病没の事を語る。一座ために概歎して痛悼已まず。就中《なかんづく》黒田清隆は涙を揮って頻りに愁傷す。これより石川（清之助）、黒田（了介）清隆、村田（新八）等、高杉晋作を悼むの詩を賦せり。而して石川（清之助）は扇面に揮毫せしが、墨痕

淋漓、筆跡縦横、頗る能書なりし。（景綱、その詩を悉く乞い得て帰国せしが、麑府において諸氏に与え、今これを一も有せず。）

慶応二年［一八六六］（丙寅）もしくは三年［一八六七］（丁卯）十一月十五日、坂本龍馬及び石川清之助の両氏、旅舎（丸山か祇園か、今記憶せず）楼上において、新撰組近藤勇が手兵の暗殺するところとなる。時に石川（清之助）は、短刀をもって支えしが、重傷にて、両三日を経過して遂に絶息すという。龍五郎等、京師東寺在陣中これを聞き、痛悼に堪えざりき。（編者註）

（編者註）　著者は、右の文中、時期を「慶応二年もしくは三年」としているが、一座の人々が痛悼した高杉晋作の死は、慶応三年四月十四日のことであるから、慶応二年ということはあり得ない。従って、慶応三年が正しいであろう。また坂本、中岡（石川）の暗殺者を新撰組と断定しているが、新撰組でなく見廻組とする説もあり、現在でも謎とされている。

一六、軍隊を率いて三田尻に赴き、弟心経病再発して京師より帰国せし事

慶応三年［一八六七］（丁卯）、龍五郎は山内市郎と薩摩の国加世田郷、伊作郷の監軍となり、兵隊を引率して京師東寺に出張し、連日訓練せり。これより先、伊集院郷の監軍種子田左門（政明）、山口伸吾と、各々兵隊を率い、防州三田尻に赴く。時に長人山田市之丞（顕義）等奇兵隊の壮士多く出でて（山縣狂介等もこの中に在りしならん）、我が隊を或る寺院に饗応す。予等愉快を極む。座中山田（市之丞）は刀を帯びながら大いに跳ね踊る。薩の大山格之助（綱良）また座に在り、笑うて板ぐら（胡坐、あぐら）をかき、右手に大盃を挙げ、左手に緩く山田（市之丞）を擁し跳踊せしめざりき。これ我が兵の或いは怒りを発し事の生ぜんことを慮りたるならん。大山は薩長合同のため久しく三田尻辺に周旋せり。

十一月、徳川氏大政返上あり。朝廷諸侯を召さる。同月二十日頃、忠義公、西郷吉之助（暫時帰国し居たる時ならん）等を率い着京あり。その夜、龍五郎、大山（弥助）、川村（与十郎）、伊集院（金次郎）、伊集院（直右衛門）、村田（新八）、西郷（新吾）等と、吉之助を旅舎に訪い、夜九ツ時（十二時）を過ぐるまで種々の談話をなせり。

時に弟是枝万助（快次）、一番隊長鈴木武五郎の戦兵なりしが、心経病再発し、眼を抉り股を断たんとし、隊中ために困惑す。故に衆議龍五郎をして迅速同伴帰国せしめんとす。

幸いに明日出帆の船あり、直ちに発航すべく、請暇の件は大山弥助（巌）代ってこれを為すに決し、乃《すなわ》ち翌日龍五郎は万助を伴い出発す。川村（与十郎）、伊集院（直右衛門）、村田（新八）、伊集院（金次郎）等の諸士遠く送らる。既にして龍五郎等国に帰る。時に妹兼子熱病に罹り薬石効なくして死す。ために直ちに出京するを得ず。

一七、京都急応隊の監軍にて日州細島出張の事

明治元年［一八六八］（戊辰）一月、春日艦長赤塚源六鹿児島に帰り、伏見鳥羽における戦争の実況を話す。龍五郎これを聞き、福島直之進、上床敬蔵と直ちに馳せて軍賦役所に至り、奈良原幸五郎［喜八郎ともいう］（繁）に面し、急に出陣せんことを切願す。幸五郎（繁）乃《すなわ》ちこれを具状す。時に国老小松帯刀より、烏丸六左衛門と倶に日州都城及び高岡郷隊の監軍にて京師急応を命ずるをもって日州細島に滞在して汽船の寄島するを待つべし、との命を伝えらる。龍五郎の喜び知るべきなり。迅速該隊を率いて細島に赴き汽船の来たるを待つ。実に一日千秋の思いあり。時に伏見鳥羽の戦争我が軍大勝利の報あり、

応援に及ばざる議ありしか、汽船は我が隊の細島に在るに関せず、大坂に向って沖合を直航す。我が隊岡に登り沖を指し大声を発し、遥かに該船を招くと雖も、応ぜずして経過せしをもって、隊中大いに憤懣す。然りと雖もまた如何とも為し難かりし。

これより延岡、高鍋を攻むるの計画をもって、兵隊を率い将にその境に入らんとす。両藩の士（両藩主倶に当時江戸詰という）、朝廷に二心無しと身に上下［裃］を着し帰順の意を表し、出でて我が軍を迎う。よって国老桂氏に向けその事情を申告せしに、国老報じて曰く、一旦帰国すべし、と。ここにおいてか隊中大いに落胆して帰国の途に就けり。

一八、春日艦に乗じ東北に航して艦上に戦いし事（編者註）

明治元年［一八六八］（戊辰）八月、龍五郎及び村田新八、西郷新吾（従道）は本営附監軍となり、西郷吉之助、帖佐彦七（会計頭を勤め、吉之助の近隣に住居し同等の交際をなせり）、阿多源七（隊附監軍）、伊賀倉源四郎（隊附監軍）等と、足軽三隊（原註1）を率い、春日艦に乗込み、纜《ともづな》を鹿児島前の浜に解く。桂国老等海岸まで送り来りて別れを告ぐ。而して先づ越後高田［に達し］(原註2)、また乗艦して新潟に達す。ここにおいて暫く滞在し、後松ヶ崎に移る。

（原註1）　この隊同士争闘して罪を得、チョカ隊といえり。交義を断つの罰を受けたるを「チョカラシ」というなり。

（原註2）　高田に官軍の病院あり。吉之助［の］第二の弟西郷吉次［郎］負傷してその院に在り。吉之助曽つてこれを知らず。

この時、参謀黒田了介（清隆）同国新発田の本営に在り、来りて吉之助を松ヶ崎の陣営に訪い、一泊してもって本営に伴わんとし、百方これを勧む。吉之助終に聴かず。よって了介（清隆）空しく帰営す。尋いで参謀吉井幸輔（友実）また来り、一泊し強いて同伴を勧告す。吉之助またこれを肯んぜず。翌日幸輔（友実）発するに臨み、双手もって吉之助の大手を把り、和郎（和郎は同輩を呼ぶの方言）が行かんちゅがあるや、起ちて往けと、大綱を牽くが如く力を極めてこれを牽く。吉之助は手を牽かれながら転《ごろ》りと横臥し、ポンポン（ポンポンは腹の方言）が痛くなったと、笑ってさあ《ママ》起きず。元より肥満の西郷なれば更に動かず、幸輔（友実）なお力を尽し口を極めて、和郎が小作な（小慧しいの方言）、こんちゅがあるか、こいこいといい、益々牽けども動かざれば、これを如何とも為し難く、将に帰営せんとして門外に出づ。龍五郎、新八［村田］、彦七等（新吾は終始諸所奔走してここに在らず）、送って水辺（門前の河岸、船を発着するところ）に至る。

幸輔は龍五郎を呼び、龍五郎どう（どうは殿の方言）、吉は是非本営に伴わざるべからず（吉は、吉之助を指す。薩人、俗人を呼ぶに氏を唱えず、名を呼ぶ、また全名を言わず、頭字を短称す）。故にかくの如く促すと雖も、更に肯んぜず、予また如何ともするなし、願わくは卿往きて懇篤勧告し、是非伴い来れ、予暫く此所《ここ》に待つべし、と。龍五郎答うらく、卿等の勧誘懇到なる、かくの如し、然るもなお且つ聴かず、況んや余輩の言豈に効あらんや、然れども一応試むべし、と。乃《すなわ》ち帰り、吉之助に謂って曰く、卿今本営に赴かば、軍議百般好都合なるべく、また敵地に深入して卿の身上に万一の変あらんには、国家の大事なり、皆これを憂え再昨日より一昨日まで黒田（了介）氏来り、また昨日より吉井（幸輔）氏来り促す事かくの如く切なり、勧誘に応じ同伴されては如何、と。吉之助莞爾と笑い、腹が痛むとは虚言でごあんすが、秋田の味方と牒《しめ》し合わせ、鼠ヶ関を挟撃させ、この二小隊をもってその腹背を衝くについては、余在らざれば不都合なり、我が軍進まば、余後陣に在るも可なり、然らざれば先頭第一に切り入るの考えなり、これをもって幸輔には宜しく伝えらるべしと対《こた》う。龍五郎これを聞き如何ともし難し。具《つぶさ》にこれを幸輔に告ぐ。幸輔甚だ遺憾の色あり、去って本営に帰る。

吉之助の二弟西郷吉次［郎］は、曩《さき》に鹿児島諸郷隊の監軍となり出陣せしが、この時その従者来り報じて曰く、主人越後において各所に転戦し、終に討死す、と。吉之助、従者に問うに書状をもってす。従者謂［って曰］く、敵頑強にして我が軍進むことを得ず、よって主人身を挺して敵軍に切り込み、縦横手兵を指揮し、終に銃創を腰部に受け、高田病院において手術を尽せしと雖も、その効無かりき、と。吉之助これを聞き龍五郎等に謂って曰く、彼進まずして死せば千歳の恥辱じゃったが、進んで死んだでよかった、これ社《こそ》、武人の常じゃ、彼は、吾が兄弟中、軍《いくさ》は下戸（軍の巧拙を飲酒家に譬う）と想いしに、彼が一番上戸であった、と莞爾たり。

然れども、傍よりこれを観る時は、実に情の忍び難きものありき。吉之助これより外出せざること七日可く《ママ》、且つ酒と魚（鮭の鱠の類）とを断つ。吉之助はその無事の時に当り身を屈し寝て猥《みだり》に動かず。龍五郎は常に腸胃を患うるをもって、喫飯後は必ず庭前を徘徊するその幾回なるを知らず、また腹部足部等に自ら灸を点じて自衛の道を講ず。吉之助これを見て曰く、龍五郎ドンは難儀な事ばかり致して、ひどいじゃ（非道の方言）ないか、余が腹などは馬腹であるから、飯を食い動くと直ぐに空《へ》り、ひだるく（饑るの方言）なるから、食後は必ず蝦魚《えび》の如くきくっと曲り寝て居らなくては成らぬ事じゃ、と呵々大笑せり。顧うに吉次［郎］は、吉之助両度の流刑に留守し、また新吾（従道）禁錮の際等、幾多の艱難を経るも、巧みに経済を計り、終始衣食を配所に贈り、能く阿兄を助けし人にて、吉之助もその悌愛の情深く感ぜしところならんか。龍五郎、彦七、新八は、起居僅かに三、四尺を隔てて日夜寝食を共にせしをもって、深くその悲哀の情を推察せり。

この時に当り山縣狂介（有朋）新発田の本営より来りて夜半過ぐるまで談話あり。切に同伴を促すと雖も、吉之助は、愛弟吉次［郎］の死後未だ曽つて外出せざりしが、答礼のためか、翌朝狂介をその旅舎に訪えり。然るに狂介は払暁既に出発して面会するを得ず。折角の訪問は水泡に帰したるをもって、余輩、彦七等と頗る遺憾とせり。

時に秋田口の官兵大山格之助（綱良）等をして庄内鼠ヶ関の敵を挟撃せしめ、吉之助は、その率いるところの鹿児島新兵をもって春日艦より突然上陸し、その腹背を衝かんと欲す。ここにおいて、吉之助は、龍五郎、新八を秋田に遣してその状況を探らしむ。龍五郎等春日艦に乗込み、松ヶ崎を解纜し、秋田に至るの途、海路数十里、その間沿岸の砲台より発射する弾丸恰も雨の注ぐ如く、或いは頭上に破れ、或いは眼前に弾き、或いは背後に開き、危険幾回なるを知らず。然れども幸いに危難を遁れて終に秋田に達し、参謀大山格之助の営に至り軍議を為す。これより龍五郎、大山（格之助）、村田（新八）、赤塚（源六、春日艦長）と［共に］、肥前の参謀鍋島上総介の陣営に至り、その出兵を促す。上総介曰く、我が兵士は遠く院内（距離十二里という）に在り、これを率い出陣する、また容易ならずと、更に応ずるの色無し。ここにおいて龍五郎、源六大いに激論を吐き、彼終にこれを肯んず。八月二十九日、大山（格之助）、鍋島（上総介）倶に出兵して陸よりし、龍五郎等は乗艦もって海よりし、海陸並び進み、新八、龍五郎等小銃を放ち、艦長赤塚（源六）は、井上直八（良馨）、谷元良介等と、備え付の大砲を込め替え詰め替え発射せしかば、敵軍海陸の攻撃を受け死傷頗る多く、大いに潰走して山中に遁走せり。

偶々《たまたま》大風起り我が艦流るること十里余、始めて或る湾に入ることを得て上陸し、その村落の山中に鹿狩を催す。而して風涛の静穏に帰するを待ち、松ヶ崎に帰営して状を吉之助に報ず。吉之助はその率いるところの三隊の一隊を鼠ヶ関に出し、吉井幸輔等の攻口に応援せしめ、二隊と越後引揚げの兵とを率い、龍五郎等と山形に向う。吉之助は白ゴムの長き外套を服し、裾を拡げ、宛然仁王の如く肥満し、加うるに大睾丸なればヨチヨチして行く。龍五郎、新八、彦七、久永龍介（久永、股に丸創あり、杖にすがりヨチヨチして共に歩行す）等、これに従うて行くこと数十里にして或る山中に入り、薄暮西郷新吾（従道）の馳せ来るに逢う。

　新吾報じて曰く、秋田口の賊鋒甚だ鋭し。吉之助これを聞き同行の士に赴援せしめんとす。新吾は吉之助の面前において汾陽五郎右衛門を促して倶《とも》に秋田に赴かんとす。五郎右衛門これを辞す。龍五郎傍に在り、余の不肖なおその員に備わるを得ば、乞うこれに従わん、と。新吾大いに喜び曰く、倶に行かん。吉之助また喜び、卿にして赴くを得ば幸甚し、と。既にして新吾衆の面前において［村田］新八に謂って曰く、今龍五郎云う、これだけ秋田の難戦という事を聞くも新八の赴援すと云わざるは、彼平生に似ざる臆病者なりとて、大笑せり、と。吉之助これを聞いて、はあはあと中声にて笑えり。一座の人々またこれを聞き、新吾は酷評を為すと思いし風あり。新八は稍々赭顔にして微笑せり。而して龍五郎等将に別れを告げんとす。新八は龍五郎を無人の席に招き謂って曰く、足下今新吾に告ぐるところ、誠に至当にして、足下の然《し》かく思慮する理なきにあらず、然るに余曩《さき》に前の浜を発するに臨み、桂氏（国老）嘱するに、必ず太卜《ふと》様（吉之助を指す）。吉之助頗る肥満す。

方言肥満を太卜《ふと》という）［の］側を離れざるをもってす。故に余これを確守するの考えなり、と。龍五郎迷惑して曰く、余の遅鈍豈に吾子［貴君］を臆病者と云わんや、これ新吾の例の戯言［冗談］なり、乞うこれを諒せよ。新八曰く、然るか、新吾の戯言また甚しからずや、実にひどい、ひどいと大笑す。

これより吉之助は越後引揚げの兵を併せ人員頗る多く、勢い盛んにして山形に向う。而して秋田に赴くもの僅かに新吾、龍五郎及び小山嘉太郎（下鍛冶屋町の人）、有馬弥兵衛（同町の人、人切の上手なり）、高城七之丞、加藤清明、園田某の七人のみ。この山中（米沢の山なりしか）より東西に相別れ、再び越後に向い新潟に至る。この時新吾独り騎馬にして他は皆徒歩なり。然るに有馬弥兵衛は疾走の壮士なれば、試みに新吾の馬に従わんと五里の道程を駈け足し、信吾と終始並行して馳せ着きける。かくて新潟より直航せんとすれども一隻の船なく、如何ともする能わずして淹留すること数日。当時山田市之丞（顕義）等も来り会して射的の演習あり、信吾夥多ある小銃よりスナイドル銃一挺を撰び、これを余に持せしむ。ここにおいて長藩桂太郎、土藩某また秋田に赴くに会す。既にして汽船来る。乃《すなわ》ち相共に航して秋田に向う。

初め龍五郎新潟において感冒に罹る。然れども陣中多くの被服を携うる能わず、僅かに綿衣一枚を従者三太郎に携えしむ。一日船中発汗して換衣［着替］を要するに当り、偶々沍寒にして直ちに冷衣を着し難きをもって、従者に命じてこれを煖めしむ。時に新吾来り報じて曰く、汝が僕［従者］、誤って今綿衣を焼き尽せり。汝、病痾の身、一枚の綿衣を失う、これより後如何か為す［どうするか］、実に慦然に堪えざるなり、と。龍五郎これを聞き、これはしたり（失策の方言）と喫驚し、今この病痾に罹り恃むところの綿衣を失う、如何して可ならんと、苦慮百般す。暫時にして三太郎綿衣を煖め来る。ここにおいてか始めて知る、新吾の戯言［冗談］なる事を。船中の人々これを一笑す。新吾の戯言往々かくの如きものあり。

既にして船秋田に達す。会《たま》ま飛報あり、賊魁軍門に降り、王師凱旋す、と。ここにおいて陸路旅を旋えす。時に龍五郎病痾益々漸《すす》む。幸いに近衛家隋従の医師あり、就いて治療を乞う。医師診して曰く、今や熱気満身に染む、豈に輒《たやす》く癒ゆべけんや、と。敢えて薬餌も投ぜず。彼軍営に倦怠して一意帰陣の心切なるの状あり。実に浮薄の医というべし。既にして熱病となり、秋田病院に入る。吾が藩の医師有馬勇雲（下荒田の人）ここに在り、余を療して秘術を尽せり。ために漸くにして癒え、将に帰国せんとす。偶々《たまたま》橋口吉之丞来り会す。吉之丞は船長となり、各所に転戦し、秋田に来るや、その友志岐太郎次郎ほか二人賊と椿谷（秋田の地）に戦って死す。故にその遺髪を龍五郎に託して曰く、請うこれを郷里に送れ、と。戡定《かんてい》の日これを駕輿に収め枝次彦左衛門（村田三介の兄）ほか一人と警護して江戸に至る。会《たま》ま、その叔父志岐正十郎藩兵の隊長となりここに在り。よってその遺髪を交付す。正十郎大いに喜ぶ。これより城州［山城国］伏見に出で桐野新作（利秋）等に会し、談笑して更の深くる［夜の更ける］を覚えず。談、次弟四郎兵衛会津に戦死すとの事あり、虚説なりき。而して同船もって大坂に下る。村田新八、川村与十郎（純義）等もまたここに在り、倶に汽船に乗込みその十二月鹿児島に帰る。

（編者註）　本項は、戊辰戦争における北越方面の作戦の状況を、西郷吉之助（隆盛）の側近にあった景綱が、西郷をめぐる色々な人間の動きに触れながら、克明に記している点で興味深い資料である。のみならず、大山柏著『補訂・戊辰役戦史』下巻（時事通信社）、田中惣五郎著『西郷隆盛』と井黒弥太郎著『黒田清隆』（倶に吉川弘文館）を調べても、この辺の消息にはほとんど触れていないし、西郷以下を運び、或る時期まで戦闘に従事した薩艦春日丸の船将（艦長）赤塚源六の「従軍行動及び東北地方戦況を報ずる書簡」（『鹿児島県史料・忠義公史料』第四巻所収）は、景綱の記述の多くに欠けているハッキリした月日または日時を示している点で貴重であるが、西郷自身の指揮に触れたところが少ないので、この景綱の記録は益々貴重なものとなるといってよい。そして「柴山景綱事歴」のなかで戊辰戦争に触れているのは本項だけであるので、以下に官軍の北越・東北征討の概略を述べた上で、西郷等の動きを辿って見ることとする。

慶應四年（一八六八）正月の鳥羽伏見の戦いの後、二月九日、東征大総督有栖川宮熾仁親王、参謀西郷隆盛が発令され、東征官軍は江戸に迫り、三月十三日の西郷・勝の歴史的会談により官軍の江戸無血入城（四月十一日）が実現した。一方、慶喜恭順の後、会津藩の寛大な扱いを求める東北諸藩は、五月三日に奥羽列藩同盟を結び、薩長打倒、幕政再興へ動いた。「次いで長岡藩などの北越諸藩がこれに合流し、ここに戊辰戦争は、新政府軍と奥羽越列藩同盟軍との戦乱に拡大した。とくに北越方面では、長岡藩や会津藩援軍などの同盟軍と新政府軍の一進一退の焦土戦が続き、七月二十九日、新政府軍の再度の長岡城接収によって、ようやく大勢が決した。越後口と白河口から進攻した新政府軍は、米沢藩、仙台藩などを順次降伏させ、九月十五日、約一ヶ月の籠城に耐えた会津藩を攻略し、やがて盛岡藩、庄内藩も軍門に降り、東北の戦乱も終了した」（平凡社『日本史大事典』――「戊辰戦争」）。

北越征討には、三月に薩摩の黒田了介（清隆）が長州の山縣狂介（有朋）とともに北陸道鎮撫総督高倉永祜の参謀に任命され、諸藩の兵からなる軍とともに越後に向い、長岡城に拠る河井継之助を相手に苦戦を続けていた。西郷隆盛が、柴山景綱、村田新八、西郷新吾（従道）等の監軍と足軽隊三隊を率い、春日丸で北越に向ったのは、東征の際大村益次郎とあわず藩兵とともに帰郷していた西郷に対し、藩主から「了介を死せしむる勿れ」と出征軍の総差引［総司令官］を命ぜられたからであった。

景綱の記録に従えば、越後高田（赤塚報告では柏崎）を経て八月十一日に新潟に達した西郷等は、暫く滞在後松ヶ崎に移ったが、当時北陸鎮撫総督の本営は新発田に在り、参謀の黒田了介、吉井幸輔（友実）、山縣狂介が次々に来り西郷を本営に移そうと試みた。長岡落城後の北越・東北の主敵は庄内であるとして、西郷は、秋田の官軍（当時奥羽鎮撫総督下の参謀大山格之助が指揮）としめし合わせて庄内鼠ヶ関を挟撃すること、それには自ら二隊を率いて敵の背腹を衝く必要ありとして、本営行きを絶対に肯んじなかった。この作戦実施の必要上秋田の状況を知るために、西郷は、八月二十五日に景綱と村田新八を春日艦で秋田に派遣した。景綱、新八、赤塚源六が秋田の官軍を説得して二十九日に出撃させ、これに呼応して春日艦も海上より攻撃するといった場面もあったが、九月七日に松ヶ崎に帰着した景綱・新八等の報告に基き、西郷は、方針を変更して、景綱、新八等と足軽隊二隊（一隊は鼠ヶ関に派遣、吉井幸輔等の攻撃を応援）と越後所在の兵員の一部を率いて山形に向うと決めた。[これは、米沢盆地より最上川を下って庄内平野に進出するためであろう……編者]

九月上旬末に、西郷等は松ヶ崎を出発、山形に向け徒歩で山中を進んだが、行軍中、八月十日過ぎに西郷等が春日艦で松ヶ崎に到着以後、独り同地を離れて諸所を奔走中であった西郷新吾（従道）に出会い、彼から秋田口の敵軍の強勢を説かれ、西郷は誰かを応援に派遣せんとし、景綱の秋田行きの申出を喜んだ。ここで景綱をはじめとする六名が、隊と別れて新吾に同行して新潟に出たが、船便なく数日の間滞留を余儀なくされ、同じく秋田に向わんとする長州藩士の山田市之丞（顕義）や桂太郎と合流、漸く来航の汽船を捉えて秋田に向ったが、到達して聞いたのは、敵軍降伏・王師凱旋の報であった。

ところで、景綱と別れた後、西郷は、その率いる隊とともにがどのような道を採って鶴岡に達し庄内藩の降伏に立会ったのであろうか。

井黒弥太郎著『黒田清隆』によれば、西郷等が春日丸で松ヶ崎に到着した頃、「奥羽鎮撫総督下の官軍は会津攻めの最中であり、いっぽう仙台方面より庄内に向かった大山［格之助］参謀らは、秋田藩兵を率いて戦ったが、これまた苦戦していた。黒田と山縣は兵を二分して、黒田は庄内攻略に向い、山縣は会津攻めに合流することとし」、そして黒田は、西郷の指導で、本隊を率いて「いったん米沢盆地に入り、最上川をくだって庄内平野に進出する方略に変更し」、西郷は、「別動隊をもって、海沿いに鼠ヶ関より北上しようとした」とあり、黒田が米沢から庄内平野に入って庄内藩を降し、九月二十七日、「西郷は鼠ヶ関口より、大山らは秋田口より来り」、黒田とともに鶴岡城を接収したとされる。大山参謀が船越洋之助参謀と連名で奥羽鎮撫総督沢為量に提出した十月朔日附の書状にも、

「西郷吉之助・黒田了介・格之助共、城内点検受取済……」

とあり、西郷等三名が鶴岡で一堂に会したことは間違いない。しかし、西郷が鼠ヶ関口より北上して来たというのは、「柴山景綱事歴」の記述とは矛盾するように思われる。

田中惣五郎著『西郷隆盛』には、九月十四日に西郷が米沢に到着したとハッキリ書かれており、

「柴山景綱事歴」の記述の信憑性を裏書きしているし、さらに大山柏著『補訂・戊辰役戦史』(下巻)を見ると、「[秋田官軍の]清川口進撃隊の諸隊は、この日[九月二十六日]新荘に到着したと認められる。大山参謀もこの進撃隊と同行したらしく、その日に清水(新荘南西四〇キロ)に至り、越後口方面より米沢を経て、この盆地に来た黒田参謀や東北遊撃軍将府参謀船越洋之助と会見した。而してそれぞれ手分けをなし、黒田参謀は米沢口より従えて来た諸隊とともに、最上川を舟下して鶴岡に向かい、大山、船越両参謀および薩藩兵総差引[総司令官]西郷隆盛もこれと同行することとなった」とあるので、西郷隆盛は、その手兵を率いて、松ヶ崎から米沢に進み、ここから最上川を下って庄内平野に出るコースをとったことが知られる。但し、黒田の率いる本隊と一緒であったか、別行動であったかは、必ずしも明らかではない。

二〇、天保山川尻砲台砲隊長勤務の事

明治二年[一八六九](己巳)三月、麑府湾入口第一番砲台天保山川尻に砲隊長を勤務す。吾が藩曩《さき》に英国と事を構うるや、後特に兵備を厳にし、仏国[フランス]辺より麻烹

釜（原註1）の如き大砲数門購入となり、内十七、八門を我が天保山川尻砲台へ据え付け、兵士二百七十余人を置き、川畑彦四郎分隊長たり、上床敬蔵半隊長たり。而して龍五郎これが隊長となる。

（原註1）　麻烹釜とは下辺に鉄釜を置き、上に径三尺余の木桶を継ぎたるものにて、高さ二間に及ぶ。砲口の大なるを譬えしならん。

一日、忠義公、陸軍局員桐野新作［利秋］、篠原冬一郎［国幹］、村田新八、川村与十郎［純義］、野津七左衛門［鎮雄］等を従えて臨検ありければ、一町の海面へ的を浮べ、狙いを着け、龍五郎腰に太刀を帯び、左右の肱を張り、掌を腰に当て、その宜しきを認め、躬を忘れ山岳も踏み崩す許りの勢いにて打て―と令する一声の下、兵士打金を牽けば、忽ち天地振動し榴散弾空を鳴り渡って的上に破裂し、その破片縦横猛烈に激飛、的中しければ、桐野（新作）、篠原（冬一郎）等を首《はじ》めとし、衆鯨波を挙げ、その快哉を叫びたりき。

二一、号鐘移転建白の事

明治二年［一八六九］（己巳）、もしくは三年［一八七〇］（庚午）の頃、龍五郎地を明国寺（麑府《げいふ》において有名なる島津義久公の御廟所）境内に卜して家宅を新造す（居、南西に面す）。西南は田圃数万町、甲突川その中間を流れて（北南に流る）海に入り、加うるに桜樹の道路長く南北に通ず。城山連互して自ら区域をなし、新正院、園田、上伊敷、下伊敷、坂元等の諸郷村あり。北小丘の麓には、尾畦、原良、長芝等の村落点々散在し、頗る絶景の地とす。

時鐘は城（島津家の居城）の東北に在り、東風の時にあらざれば聞ゆるなし。西北の士民数千人皆これを不便とす。故に大鐘（天正年間島津家において大友より分捕りせし九州第一の優物）を南林寺（義久公、義弘公の父君貴久公の御廟所）に釣るし、午前午後共に四時頃これを撞く（俗にヲンダシ鐘という）。然るに龍五郎の住する辺にまで声音の達せざることあり。よって参与（国老の地位）伊地知正治に頼り、城山中の要所を撰み麑府《げいふ》内東西南北の隅辺に至るまで普及すべきの位置に変更せん事を建白す。遷延決せざる、幾旬なるを知らず。

一日、ゴンゴン、ゴンゴン非常の号鐘を連撞す。兵士の聞く者皆馳せて陸軍局に参集し、隊伍整々と吉野の原（麑府《げいふ》を距《へだ》たる三里）に進軍して大砲小銃実戦の演習をなす。龍五郎これを知らず、例刻（朝五ツ時過、則ち午前八時過）に出勤す。途中非常号鐘の事を聞き、馳せて局に至れば、諸士既に出兵の後にして、ただ参与（国老の地位）伊地知正治、桂右衛門、大迫喜右衛門（貞清）、大山格之助（綱良）、西郷吉之助等五人の在るあり。龍五郎の顔色を見て皆微笑せり。ここにおいて龍五郎遺憾骨髄に徹し、五人の列席せし前にそれなり突っ立ち、正治に向い、曽つて僕の建白せし大鐘移転の件採納あらば、西北の士民皆時辰を知るを喜ぶのみならず、今日の如き非常の報知を聞き漏らすが如き憂いなく、極めて便利なるに、なお許可なきをもって西北の兵士は皆出兵に時期を愆《あやま》てり、畢竟何が故に因循せらるるや、と怒気を籠めて詰問す。正治答うる能わず。桂右衛門傍に在り、巧言もって話頭を他に転ぜんとするものの如くなりしが、龍五郎の顔色異常なりしか、終に黙して一語なく、万座ためにしらけたる状況なりし。

吉之助は初めより黙して聞き居たりしが、この時、大の眼をハッタと見出し［見開き?］、その聞えぬところは聞えぬなりにて宜かるべし［という］。龍五郎押し返し、それでは西北の人は大いに迷惑なり、何処までも聞こえるように致して貰いたしと云えば、吉之助曰く、貴下などの西北の方、城山裏に聞えるようにすれば、これまで隅々まで聞えし東北の方、城山表なる桐野利秋等の方が全く聞えぬようになるべく、双方何れか不便を免れざる事なれば、旧来の如く据え置くのほか策なかるべし、と。龍五郎心中なお陳述せんと欲する事ありしが、任務の職に就く事いよいよ遷延せん事を憂い、余は他日に譲らんとして、疾走天保山に至れば、諸士大砲発射、勢い最も盛んなりき。

二二、明治四年薩藩軍制改革に際し報知役勤務の事

戊辰の役その功成りて、西郷吉之助等帰国し大いに本藩の軍制を改革し、進んで天下の改革を行わんと、明治四年［一八七一］（辛未）春、薩藩の壮士一千有余、東京西の丸の城址（当時焼失の後）に天幕を張り野営せんとの勢にて出京す。然るに如何なる故にや、終に市ヶ谷尾州邸に陣営を構えたり。その頭に立ちたるは、村田新八、村田三介、永山休清〈以上同室〉、野津七左衛門（鎮雄）、篠原冬一郎（国幹）〈以上同室〉、桐野新作（利秋）、高城十左衛門〈以上同室〉、淵辺軍平、小倉壮九郎〈以上同室〉、大野郷左衛門、山口孝右

衛門〈以上同室〉、高島鞆之助、野津七次（道貫）〈以上同室〉、種子田左門（政明）〈一室専用〉、田代五郎左衛門、大野四郎助（義方）〈以上同室〉、永山弥一郎、島津応助〈以上同室〉等にして、三々五々各室に割居し、以下大尉貴島宇太郎、永山武四郎、松永清之丞、郷田庄之丞等を首《はじ》めとし、中尉、少尉、諸軍吏、戦兵共に営内の大室に雑居せしが、皆勝誇ったる壮兵にして、毎日午前八時過ぐる頃より西丸下の練兵場に出で英式の操練を為し、朝夕は武芸を講じ、文学を修め、或いは角力を為し、或いは疾走を為し、或いは兵を二分して両軍大将を置き、攻守互いに秘術を尽し、進んで取るあり退いて守るあり、結局早く大将を捕獲するをもって勝利と為す。その勢い龍虎の相闘うが如く、実に人目を驚かせり。

この時に当り、樺山覚之進（資紀）は藩の大隊長に任じ、陸軍局に留守を為す。柴山龍五郎は川尻砲台の隊長たりしが、軍制改革に関し事情探索のため出京を命ぜられ、市ヶ谷内、永山弥一郎、島津応助の室に在り。而して種子田左門と僅かに一間の廊下を隔てたり。一夜、左門、龍五郎を呼び、吾子は身躰孱弱なれば先づこれを呑むべしと、鶏卵を混和せし武蘭酒《ブランデー》を勧め、且つ語って曰く、方今当営に一千余人の壮士あり、皆勇気勃々当るべからざるの勢なりと雖も、予をもって観る時は、恐らくは永山弥一郎の右に出る者あらざるべし、彼今片腹の創口未だ癒えずと雖も、一旦事あるに臨みては、馳突奮戦、その胆略人の意表に出んと、大いに真の男児たるを嘆賞せり。

時に西郷吉之助、同新吾［従道］、大山弥助［巌］、川村与十郎［純義］は外泊たり。四氏共に仏［フランス］式兵制の英［イギリス］式に勝る所以《ゆえん》を説き、専らその改革を主張し、村田新八、野津七左衛門（鎮雄）、桐野新作（利秋）、篠原冬一郎（国幹）等は、仏式脱刀等の否を鳴らし、一意その変革を肯んぜず。二派互に党を樹て、龍憤虎闘、論戦十数日に至る。吉之助は屡々仏式の戦闘上大利ある事を説くと雖も、衆輒《たやす》く服せざるをもって、終に市ヶ谷営内に淹留する事数日。而して衆に謂って曰く、議論尽きたるにあらずや、と。説諭懇到、衆始めて仏式に革むる事に決す。ここにおいて、飽くまで反対の位置に在りし讃良清蔵等を首《はじめ》とし、その意見の行われざるを憤り、脱隊して帰国する者頗る多数。龍五郎滞京数月、詳細事情を探り得て国に帰り、具《つぶさ》にこれを陸軍局に報告す。

吉之助、市ヶ谷の営内にありては、野津（七左衛門）、篠原（冬一郎）と室を同じうし、龍五郎の室と五間許り隔たりしが、野津（七左衛門）等［の］練兵より帰営までは、日々人々の委嘱に応じて揮毫す。龍五郎も終始その席に出で乞うて数葉を得たり。（原註1）

（原註1）　隆盛の書は、椎原権兵衛宅その他において乞い書し得たるもの夥多あ

り。装潢軸となして秘蔵せしが、明治五年（壬申）一月出京の際、相良吉之助、堀与八郎、その他諸氏に与えて、ただ系図のみを携帯せり。

二三、景綱、山口池田両氏と東京より召されたる時、鹿児島陸軍局員景綱等のために送別会を谷山町に開きたる事

明治四年［一八七一］（辛未）十二月、東京諸省より麑府の陸軍局に照会あり、龍五郎（景綱）、山口伸吾、池田次郎兵衛を召さる。よって樺山［資紀］大隊長を首《はじ》めとし陸軍局員挙げて龍五郎等のために送別会を谷山町に催す。龍五郎、山口伸吾、溝口某等騎馬にて赴く。龍五郎その乗馬の狂癖あるを知らず、涙橋に至りしとき一声高く発して鐙を馬腹に加うれば、馬忽ち奔逸して宛然矢の飛ぶ如く数町を駈け、土台を飛び、既に数本の橋木に衝突せんとす。ここにおいて、龍五郎声を発し力を極め、全身を傾けて右の手綱を牽きければ、その勢いにや、馬また右に逸して長刀瀬戸の大土台に駈け上り、処々馳せ駈けりてまた大道に出づ。而して四十才許りなる男子を踏み倒せり。然れども幸いにして死傷なか

りき。かかるところに山口馳せ来り乗馬の交換を促す。龍五郎これを諾す。山口の龍五郎の乗馬に騎するや否やまた奔逸し、同氏ために墜落して眉間を傷つく。既にして会場に至り、談乗馬に及ぶ。壮士これを聞き、皆抱腹絶倒す。

当時偶々《たまたま》井田少将来薩し、大山格之助（綱良）、篠原冬一郎（国幹）等同氏を伴うて来会す。当日は陸軍局壮士の集会なれば、意気精鋭、且つ水浜に射的の余興等あり、頗る盛会にして大いに愉快を極む。また水浜に庄内藩主の家臣十二、三人を率いて射的をなすを見たり。（原註1）

（原註1）　庄内藩主は、戊辰戦争の後、諸制度見習いのため家臣を率いて長く鹿児島に滞在せらる。

二四、兵部省十等出仕築造局勤務の事

明治五年［一八七二］（壬申）正月八日朝四ツ時（午前十時）鹿児島を解纜し、その十

二日昼九ツ時（正午十二時）着京、同十八日兵部省十等出仕、月俸四拾円、築造局分課、霞ヶ関桜田門外なる兵営（原註1）（旧筑前藩邸）の築造係を命ぜらる。

（原註1）抑々《そもそも》当兵営はその数十二棟、その建築煉化石造にして、我が国開闢以来の事業なり。故にその術に熟せしもの無く、一に英人屋多爾私《ヤトルシー》氏の教示に従う。結構は総べて西洋諸州に模型を取り、数千年の後までも確然堅固の目的をもって着手せらる。実に皇国未曾有の盛挙というべし。

この日、池田（次郎兵衛）は海軍省に、山口（伸吾）は警視庁に就職す。龍五郎これより公務に従事し、日々朝六ツ時（午前六時）に出で夕六ツ時（午後六時）過ぎに退く。また宿直を隔日に勤めたり。或る時、西郷兵部少輔（従道）、種子田陸軍少将（政明）両氏龍五郎に謂って曰く、吾子の建築係は思うにその器にあらず、余等聖駕に供奉《ぐぶ》（当年西南に御巡幸あり）して帰京の後、更に適当の勤務を周旋せん、須《すべから》く暫時耐忍すべし、と懇篤なる談話ありしが、その未だ帰京せざるに及んで、東京府営繕係野間政寿の勧誘に応じ、その五月二十九日東京府十等出仕に転勤、営繕係を命ぜられ、同七月二十五日九等出仕に昇進、神田、玉川両上水担当の命を受く。西郷兵部少輔帰京の後、龍五郎を自宅（三平坂下、旧岡部邸）に訪い、その転勤を惜んで曰く、吾子暫く耐忍せば余更に考案ありしにと、頗る遺憾の色あり。種子田陸軍少将また痛く転勤を惜しみたりき。（原註2）

（原註2）　当時、知人は皆、景綱の身躰孱弱《せんじゃく》にして到底陸軍仏式［フランス式］の練兵等に耐え難きを知る。

二五、東京府大属囚獄係勤務の事

明治八年［一八七五］（乙亥）六月十三日、東京府大属に任じ囚獄係を命ぜらる。これより先、去年四月四日八等出仕に補せられ、その十一月二十七日より学務取扱を勤務せしが、この日府知事大久保一翁は、景綱（これより実名を称す）、松岡万《よろず》（万は静岡の人、当時八等出仕にして営繕係を勤む。大久保、勝［海舟］等の人と交り深く、曽つて剣道を山岡鉄太郎の門に学び、正義の武人たり）に命じて曰く、曩《さき》に市ヶ谷囚獄において囚徒破獄し、爾来日なお浅くして修築未だ成らず、ために剽悍無頼の徒多数を一房に拘禁せり、彼等何時非常の企てを為すも測り難く、実に憂慮に堪えざるをもって、特に吾子［貴君］等両人を抜擢して掛りと為せり、万事注意し宜しく忠勤を抽《ぬき》んずべし、と。ここにおいて両人先づ市ヶ谷囚獄に赴く。

抑々《そもそも》東京囚獄は、徳川氏覇府を江戸に開くに当り先づ常盤橋外の水浜に設け、爾来多少の変更を経て、近くは伝馬町と石川島に在りしが、明治政府に至りて東京府知事の管轄となれり。然るに伝馬町は、地位囚獄を置くに適せず、且つ空気の流通宜しからざるをもって、地を市ヶ谷（旧備中松山板倉家の下屋敷）に卜し移転建築す。その工事成るに及んで囚人を拘禁せしに、角力業の者四、五人新たに入獄せり。この徒破獄に妙を得、曩《さき》に諸所の獄舎を破り終に常監に入りしが、また破獄を企て、日夜石段を蹈み、附着せし漆喰《しっくい》を剥ぎ、その継目を分離し、更に貸与の帯を綯《な》うて索となし、分離せし巨石を結び、これを出入口の戸前に垂下し、獄吏が睡眠の隙を窺い、強健なる力士の徒力を極めて撞き当てければ、堅牢なる構造なれども容易に破壊し、同房の囚徒三十七人、既に内鞘(原註1)を出づ。而して外鞘の戸口を出んとし一同力を協せて撃破せり。

（原註1）　獄舎の構造、格子を二囲に築き、内鞘外鞘と称す。而して獄吏内鞘外鞘の間を巡回して囚徒の挙動を監視し、且つ外鞘の外に在って日夜警護を為す。

獄吏は、身命を顧みずこれを支え、半ば破れたる戸口に塁を当て、ここを先途と防禦なしければ、彼等その口の破り難きを慮り、更に前の手段をもって他の戸口を破り、終に二百七十余人を内鞘より出せり。この時に当り、獄吏警鐘を鳴らしてその非常を急報しければ、附近に在宿するところの獄吏及びポリス（巡査）等忽ち参集して防禦に従事す。時に二百七十余人の囚徒或いは圊圂の戸を破り、或いは備付の大水桶を毀ち、その木片を採りてこれを鞘越しに突き出し、また糞を丸にして雨の如く抛《なげう》ち、大いに狂乱を為す。獄吏は予《か》ねて備うるところの鎗（昔時秀吉の所持せられしと云い伝う長穂朱柄なり）数十本を出してこれを揮い防禦の具となせり。当時彼等巨魁の進退は、業気共に相応じ、身体軽く、獄吏の突き出す鎗先を能く巧みに避けたりという。また争闘中、獄吏誤って鞘内の柱に突っ込み、終にその鎗先を囚徒に奪わる故に、却って彼等にこれを利用せられんことを憂い、獄吏長大陽寺某、誠意［をもって］懇々説諭を加えしに、彼等その精神に感じ乞うて曰く、先づ「ポリス」（巡査）を退けよ、と。故にその乞いを容れ「ポリス」（巡査）を退かしむ。ここにおいて鎗の穂先を大陽寺獄吏長に出して一同その罪を謝せり。これよりその犯罪を糺問し、彼等を獄法に処せしという。

これ景綱等赴任の三、四日前にして、この日独房鎖処分に係る者あるを見る。この紛争に獄吏の股間に突創を負いしものあり。景綱等屡々《しばしば》訪いて篤く治療を加えしむ。この時に当り景綱松岡［万］に謂って曰く、今日卿と抜擢に逢うて囚徒鎮撫の任に当る、また栄誉というべし、蓋し軍は公然師を出だ《い》し、正奇もって戦う事なれども、当職においてはしからず、彼の敵視するところの者は無頼の徒なり、而して破獄以降日なお浅く、囚情未だ穏かならず、殊に数百人を一房に雑居せしむること（一方は破獄後修築未だ成らざるをもって一方に集合す）なれば、もし一人の煽動者あり、囚徒の雷同響きの声に応ずる如くんば、何時再挙を企つるも測り難く、思うてここに至れば、危険また言うべからず、余等命をここに拝し、万一彼等より破らるる如きあらば、生前の耻辱これに過ぎたるは無し、よって今より死を必して力を警護に致し、なお規定の外は専ら仁と信とをもって統御せん、と。松岡これを可とす。爾後二人心を同じうしその方針をもって当りしに、流石剽悍の徒も大いに心服しまた再挙を謀るの状無し。而して一面は修築工事を監督して速かにその竣工を告げければ、終に無事その局を結ぶを得たり。

或る時、松岡、景綱に告げて曰く、曽つて獄吏が深更巡視せし時、囚徒鞘内より木片をもってその眼球を突き、大いに負傷せし事ありしと聞く、卿は病躯なれば須《すべか》らく深更の巡視を廃すべし、予は同郷の人にして鉄履等を穿てる剛勇無双の勇士あり、これを伴うて時々巡視せん、と。当時景綱これを一笑に附し去り、その夜将に巡視せんとして、途松岡を呼んで曰く、景綱これより鞘内の巡視をなす。松岡驚いて曰く、今日の談はただ他日を期するのみ、豈に急遽今夜の巡視を要せんや、と。景綱曰く、然り、然れども予既にその意見をもって来ればなおこれより上署せん、と。松岡曰く、然らば則ち予もまた同伴すべし、乞う暫く待て、と。而して一時頃より市ヶ谷囚獄に至り、窃かに監内に入り、遍く各房を巡視するに至るところ極めて静穏にして皆能く寝に就けり。ただ一房一人の鞘内に立てるものあり（当時獄裏賭博《とばく》を為すの弊習あり。獄吏これを厳禁す。故に一人鞘内に立ちてこれを窺い、巡吏の来る毎にこれを報ずという。これその類なりしか）。景綱詰《なじ》って曰く、汝、何が故に深更なお寝に就かざるや。彼対えて曰く、今眠り覚め上圊［廁に行く］せしに、会《たま》ま響音を聞く故にこれを窺うのみ、と。よって速かに就寝せんことを諭し、去って他に向う。

この夏囚徒の熱病（獄舎熱という）に罹る者あり、頗る蔓延の兆を呈す。景綱松岡と大いに憂慮し、医員に謀りて治療に尽力せしめ、同囚に命じて看護に黽勉《びんべん》せしむ。また一面は獄内を洒掃して大いに清潔法を行う。然れども日々伝播して未だ数日を出でざるに既に百余人に上る。ここにおいて景綱等二人毎日病室に入り患者の枕頭に至り、一々その病状を視察し、万事に注意して時々これを府知事に具状し、且つ医師定員のほか市中の大家を聘して篤く治療を施し、終に撲滅の効を奏するに至れり。

二六、警視庁八等出仕西洋人銃猟取扱掛、屠牛場掛、黴毒検査取締勤務の事

明治八年［一八七五］（乙亥）十二月二十七日、警視庁八等出仕に補せられ第一局詰を命ぜらる。これより先、染川濟（鹿児島人）、東京府囚獄掛となりて景綱等の同勤たりしが、同氏発企し、欧米諸国の例証を挙げ、囚獄を警視庁の管轄と為せり。時の大警視川路利良大いに見るところあり、市ヶ谷より景綱及び松岡、染川ほか一人、石川島より鬼塚等四人、僅かにこの八人を採用して、他の数十人の官吏は皆廃職とせり。景綱第一局に出勤

一両日に過ぎず、直ちに第二局に転じ、西洋人銃猟取扱兼第五局屠牛場及び黴毒検査取締の三掛を勤務す。

抑々《そもそも》銃猟取締は、国権未だ伸張せざるの時、西洋人跋扈《ばっこ》して往々我が制禁を犯す者あり、実に当時の難職たり。曽つて伊佐敷某（鹿児島人）同僚三人を伴い巡行せしに、両名の西洋人銃を携え、行く行く猟して将に禁猟の地に入らんとするに逢う。故に誠意もってその犯すべからざるを諭せり。然るに彼等これを聴かず、強いて通過せんとす。よって力争稍々久しうす。時に彼［等の］一人傍の田圃に疾駆し携うるところの銃口を伊佐敷等に向け将に発射せんとす。他の一人急遽これを支え、手もってその銃口を曲ぐ（機関あり、銃身屈曲す）。彼また伸べて再び狙撃せんとす。他の一人またこれを屈し、かくの如くする事三、四回、終に射撃するを得ず。これより伊佐敷等目もって諭し手もって制し、彼等をしてその禁を犯さしめず、事無くして止みたりという。また当時横浜において一人の巡査西洋人の銃殺に逢う。これまた銃猟の禁を犯すを認め制止せしに因るという。然れども証左なくして勝を制する能わざりき、と。国家のためまた遺憾ならずや。

時に川路大警視利良訓示して曰く、銃猟の件、方今彼我の間規約の談判を為すところなり、故に巡行中もし彼の犯禁を認めば、剛ならず柔ならず、適宜に制止を加うべし、また万一我に凶行を加うる如きあらば、必ずその血痕を綿に附着しもって他日の証左となすべし、と。而して同氏景綱を遇するに礼をもってし、その深切丁寧今なお忘る能わず。然れども景綱熟考するに、西洋人もし我が頭上を鞭撻する如き侮慢の挙動あらば、独り景綱の耻辱のみならず実に国家の耻辱なり、豈に黙視するに忍びんや、かかる時には直ちに彼が胸下を貫き我また潔《いさぎよ》く屠腹［割腹］せんのみ、仮令《たとい》一旦彼を殺害するも、我また身命を擲《なげう》たば、敢えて国難を醸《かも》すの理なし、と。独案決行、常に合口《あいくち》［鍔のない］の短刀（身は備前ものと覚ゆ。肥後人の拵《こしらえ》にて朱鞘の六寸あるもの、曽つて東京において購入し、後大陽寺某に与う）を被服の隠嚢［かくしポケット］に収め、もって巡行せり。

屠牛場は、品川と浅草に在り、東西懸隔す。故に、朝に品川に赴き、後浅草に向う。両処の屠るところ日々数十頭を下らず。

黴毒検査は時間に規定あり、夜中より宅を発せざるべからず。出張一分の遅刻あるも同僚互に相責め、もって大警視に申報す。故に各自勉励、職務に従事せり。

二七、西南の役に進んで従軍を乞いし事

この時に当り、景綱、松岡万と共に警視庁第五局に在り。鹿児島私学校の壮士不穏の企てある事を聞く。或る日、川路大警視景綱に語って曰く、鹿児島私学校の人々が穏かならぬ聞こえがごあんすが、その頭取は桐野ドン、篠原ドンなどにて、西郷さんは同意ではごあんすまい、併し西郷さんの仕事に似た事が間々ごあんして未だ能く分りませんが、何れ追々知れて参りましょと考えます、云々。而して同氏及び中警視安藤則命等、景綱の私学校党に与みせん事を疑いしや、安藤は時々景綱の傍に来り、談常に鹿児島の事に及び、暗にその意嚮を探るものの如し。一日また安藤来る。景綱、同席の松岡万を指し、安藤に語って曰く、この万《よろず》ドンなどは、今鹿児島人が軍を起さば、真ッ先に往って働かんと、山岡鉄太郎ドンから拵えて貰われた四尺余の長剣を用意して居られます、云々。安藤は笑って去れり。而してその見聞するところを大警視に告ぐ。ために党与の疑念解けたるにや、明治十年［一八七七］（丁丑）一月四日、権少警視に補し、第一局内勤を命ぜられ、尋いでその十五日一等大警部に任じ、職掌故の如し。同勤は神足勘十郎（旧熊本藩有名の士、西郷隆盛と交わり深き人）、佐川官兵衛（旧会津藩国老、有名の士なり）等なり。この時松岡万は本所警察署長となる。

爾後大警視景綱に語って曰く、桐野ドンなどは、今鹿児島人が突き出る日には、いらさ竹（葉の落ちた細き真竹）が一本あれば、北海道の先まで容易く突き通るは誠に造作もない事じゃといわれる、そうでごあんすが、この方は飽くまで名分というがごあんす、また六千の巡査（当時六千の巡査ありしは、景綱親しく知るところなり）もごあんせば、かの巡査が俯つ向きに倒れ死ねば、そううまくはいけますまい、云々。

先に海軍大輔川村純義、軍艦に乗込み鹿児島に向い、二月八日頃鹿児島前の浜に入る。これ西郷隆盛等に勧告する処あらんとし、且つ時宜により西郷を首《はじめ》として巨魁の徒三、四人を伴い帰らんとの意に出づ（純義の直話）。然るに私学校の壮士等大いに奔走し、各々銃器を提携して岸上に雲集す。（原註1）川村は艦中書を西郷に寄せて曰く、時を期して応《まさ》に椎原与三次（隆盛の叔父）の宅に会すべし、と（純義の直話）。西郷これに応じて将に出でんとす。桐野利秋、篠原国幹等座に在り、これを拒んで曰く、今日の人心実に測られず、もし彼の奸策に陥らば、臍《ほぞ》を噬《か》むも及ぶなし、と。西郷終に止む。而して県令大山綱良、小舟に棹さし川村純義を軍艦に訪う。川村曰く、西郷等の上京は暫く猶予あるべし、と。大山曰く、事既にここに至る、また如何ともするなし、先鋒既に出水口に到りぬ、と。対談に時を移して退く（古松書面の写）。川村は到底上陸の成し難きを慮り、艦を回えして去る。

而して豊後小野口辺より麑府《げいふ》の事状を政府に電報す。

（原註1）　麑府《げいふ》方壮士の懲役に処せられたるもの五十人、十年十一月頃より山形県監獄に在り。或る時政府本人等に命じて戦闘の顚末を筆記せしむ。当時古松十郎の差し出したる書面の写による。

ここにおいて川路大警視は、中警視、少警視、大警部、権少警視等の人々を密かに会議所に招集して具《つぶさ》にその事実を告示す。当時川路の挙動頗る沈着にして態度大いに見るべきものあり。景綱始めてその非凡なるを知る。翌朝、景綱、大警視の面前に出で乞うて曰く、景綱不肖と雖も、一朝事あるの日は身その衝に当るの決心なり、今や麑府《げいふ》の騒擾もし当庁より兵を出すが如き事あらば、必ず景綱をして第一に出軍せしめられん事、これ景綱の志願なり、と。大警視曰く、出軍の日は相俱に向わんと、応答極めて慇懃なりき。

或る日、宿直の翌朝、大警視は景綱に問うて曰く、今出軍を望むは如何なる人々なるや、と。景綱曰く、昨夜宿直中巡査にして長州人（その氏名を忘却す）は切に出軍を望むの談話あり、且つその願書を裁するを傍観せり、また薩人宇都宮鉄弥も頗る希望の色あり、他は未だこれを詳らかにせず、と。大警視曰く、然るか、鉄弥の如きは戊辰の役に従軍して数創を受け、終に不具の身となれり、故に今回の如きは寧ろ出軍希望者を調査すべきの人なり、と。時に景綱、日本橋の傍なる獣皮店に至り、狐皮を購買し、もってこれを綴り防寒の具となし、且つ和泉守兼貞を帯刀に製し、その柄を平巻にし、その鞘を朱塗りにし、専ら出軍の準備をなせり。

この時に当り、山形県令三島通庸、県用ありて出京中なりしが、麑府《げいふ》の報に接し県下庄内等の動静を慮り、急遽帰県すと聞き、景綱出勤の途同氏をその旅舎に訪い、腰を縁側に掛け語って曰く、今や麑府の騒擾容易に鎮静すべくも思われず、西郷、桐野、篠原等の如き、倶に親善なれども、名分順逆の在るあり、大義親を滅すという、これ止むを得ざるに出づ、故に我が願意を容れ、かの三国（薩摩、大隅、日向）人と戦うに至らば、生還固《もと》より期し難し、余戦死の後家族の如きは一に卿に依るの外なし、これ余予《か》ねて託するところなりと、和歌一首を贈り、もって生別と死別を告ぐ。

而して警視庁は軍隊を組織し漸く出軍を命ぜり。然るに景綱は、その病躯のためか、将《は》た大警視倶《とも》に出づるの考えなるか、敢えて出軍の命なし。当時警視庁に諸県より暗号電報の達するもの頗る多く、宿直毎にこれを調査するの煩に堪えず、ために心を労する事その度に過ぎしや、二月十五日の宿直に感冒に罹りしが、時極めて多忙なるをもって強いて出勤せしかば、大いに発熱して終に臥褥するに至る。然れどもなお出軍の念断ち難く、書を山下房親（龍右衛門）に嘱して屡々出軍の命あらんことを促せり。然れども、ただ心を安んじて療養を加うべしとの諭告あるのみ、また出軍の命なし。爾来発熱容易に去り難く、眠りに就けば寝汗発し、物に触れ喫驚すればまた直ちに発汗し、上圊して少しく寒気を感ずれば病気忽ち増長し、或いは飯を喫し或いは乳を服し、或いは衣食を擁して身躰稍々暖まる時はまた発熱する等、如何とも平癒し難きをもって、毎日朝夕の両度、針治及び按摩をなし且つ警視庁医員多田某を首めとし秘術を尽して治療を加えしと雖も、輒くその効を奏せず。日夜出軍を思うと雖も、身は病痾に罹れるをもって苦心惨憺たるのみなりき。

五月に至り、三島山形県令は、太政大臣三条実美、内務卿大久保利通に管内の実況を申報し、且つ西南の状況を探らんがため、一等属貴島宰輔を京師行宮（行幸中）の下に出す。その途景綱を東京に訪わしむ。宰輔、景綱の枕頭に来り通庸の言葉を伝えて曰く、吾子［貴君］常に身躰孱弱、加うるに久しく病痾に罹ると聞く、今やかくの如きの身をもって出軍を望むも到底その目的を達すべきに非ず、故に稍々快方に至らば吾が山形県に採用すべきをもって、必ず来任すべし、と。景綱曰く、厚意陳謝に堪えず、然れども出軍は景綱の日夜切望して休まざるところ、故に少しく快方に赴くを得ば直ちに出軍せん、これ景綱の決心なり、乞う吾子具《つぶさ》にこれを通庸に報ぜよ。宰輔去って京師に向い、帰県の途復々《またまた》景綱を訪う。景綱問うに麑府の状況をもってす。宰輔曰く、行宮にて大久保［利通］は、西郷隆盛を首《はじめ》とし桐野利秋、篠原国幹、村田新八等三、四人を闕下に召し、その趣旨を糾問し、是非を明らかにせんとの議なりしが、木戸孝允は予《か》ねて私学校党を忌み、加うるに今回の事件起るに及んで一層その念慮を増長して大久保の議を賛せず。この時既に征討の勅命降る。大久保これを聞き歎じて曰く、ああ事ここに至る、また如何とも為し難しと、遂に力を征討に尽し、戦端既に開く。然るに薩軍の勝報行宮に至る。木戸は偶々《たまたま》大患に罹る、病褥に臥して人事を省せず、或いは妄語を放って曰く、西郷の事は宜しくすべし、西郷の事は宜しくすべし、或いは行燈に倚りて立ちまた西郷の事をいい、始終口に西郷の事を絶えざりし、と。而して景綱五月中旬に至るも寒熱往来、心身苦悩、更に安眠する能わず、加うるに食欲減退のために頗る衰弱を極む。(原註2) 故に終に出軍する能わず。

（原註2） 爾後［明治］十二年中、山形県高畠在勤の節、感冒再発久しく癒えず。終に十里を隔てたる山形病院に入り、篤く治療を加え、臥床八ヶ月にして

始めて癒ゆ。

ここにおいて熟《つらつ》ら考うるに、初め警視庁の新設せらるるや、明治四年［一八七一］（辛未）の頃、川路利良、鹿児島において西田その他百二十四ヶ外城辺より戊辰の役［に］従軍して奮戦せし者或いは勇悍の壮士等一千人許りを抜擢し、麑府《げいふ》陸軍局の広庭に整列して出京せり（当時景綱その場に在り、壮士と告別す）。現在の庁員多くは当年の壮士にして、久しく庁務に従事し、加うるに今また戦陣に臨む、その功労尠《すくな》しとせず。景綱は病痾身に在り陣頭に立つ能わざるのみならず、奉職日浅くして事務また未熟なり、故に日々快々として楽しまず、終に辞職の念を起し、石原近義（庄右衛門、当時会計掛）に辞表を託して曰く、予が病状を具に安藤中警視（則命、当時大警視は出軍せり）に告げ、且つ辞表の容れられん事を請願せよ。近義これを諾す。辞表に曰く、

私儀、先般西国事件開戦相成、御出勢の節は不肖の身と雖ども最先に出軍被命度旨願置候処、積年腸胃病の者にて二月十五日宿直の節感冒に罹り暴《にわ》かに熱発致し、仍て篤く療養相加へ候得共、今以寒熱相去り不申、仮令一時解熱候共、多年の腸胃病故へ一夜の

の野陣雨露に洒され候得者《ば》、再発目前にて迚も出軍出来不申旨療医より断然被申聞候。就ては至愚の身を以て一等大警部の重任を蒙り出軍も為さず、傍観坐視実に面目無之、深く愧る所に御座候。仍て是非共其免職被命度幾重にも奉切願候也。

明治十年五月二十日

一等大警部　柴山景綱

大警視川路利良殿代理　中警視安藤則命殿

然るに安藤景綱に謂って曰く、卿の疾病は人皆これを知る、出軍せざるも誰かこれを誹謗せん、余等無病なれどもなお未だなり、必ず意を介するなかれ、而して静養もって病魔を駆り、警視庁に出でて勤むべしと、誠意懇篤の説諭あり。辞表の指令に曰く、

願之趣難聞候条猶又精々保養可致候事

明治十年五月二十一日

警視庁印（書面今なお保存す）

然れども景綱心に快らず、更に妻を安藤の宅に遣わし、説諭の厚意を謝し強いて辞職の

許可あらん事を乞わしむ。ここにおいて始めて本官を免ぜらる。他日川路大警視凱旋の後、勤務中の謝意を表せんがため、早朝同氏を訪いしになお寝室に在り、暫時にして出で迎う。故に一応謝辞を述べ且つ具《つぶさ》に心事を告げて帰る。

二八、山形師範学校建築掛勤務の事

明治十年［一八七七］（丁丑）五月警官辞職の後、七月初旬に至り事情を詳悉して山形県令三島通庸に告げ採用を乞いしに、その三十一日をもって同県八等出仕に補せらる。然れども疾病未だ癒えざるため荏苒《じんぜん》九月に至る。偶々《たまたま》三島弥太郎（県令通庸の長男）及び巡査細谷某の該県に赴くを聞き、相伴うてその八日東京を発し、同十八日着任す。然るに宿痾全く治せず十一月に至り始めて県庁に出勤し、第五（学務）課勤務を命ぜらる。時に山形師範学校建築の企てあり、翌十一年［一八七八］（戊寅）二月十三日その建築掛を命ぜらる。

抑々《そもそも》本県の地形たる、三面山を負い一面僅かに海に瀕《ひん》するのみ。故に交通極めて不便にして、ただに殖産工業の幼稚なるのみならず、教育の事また頗る荒廃す。今これを振起する教員その人を得るより急なるはなし。これこの挙ある所以《ゆえん》なり。その設計たるや、敷地東西二十八弓、南北百十一弓（編者註）にして、本校は四層の結構且つ寄宿舎、食堂、浴室等これに附属す。この建坪計五百二十七歩とし規模頗る大なり。その費額の予算三万円また尠しとなさず。然るに県令三島通庸先んじて若干の金員を寄附す。県官郡吏は勿論、町村吏員、学校教員、巡査等外吏、雇員に至るまで、苟も命を県令に受け奉職する者は、皆賛成して各々若干の金員を義捐す。人民は官の誘導により子弟教育の資本たる所以《ゆえん》を解得し、財産家は奮って金員または材料を出し、無産者は労力をもってこれに換う。加うるに補助を文部省に仰ぎ、ついに予算の金員を得るに至る。

（編者註）　弓は古代中国における土地測量の単位で、六尺を一弓とする（周代の一尺は約二二・五センチメートル……角川「漢和中辞典」）、或いは八尺を一弓とする（「広辞苑」）。平凡社「字通」には弓は長さの単位、六尺また八尺、いま五尺とある。

然るにこれに要する材料また夥多にして、これを民有の山林に求むれば、ただに良材を得る能わざるのみならず、その価格の不廉なる疑いを容れず。ここにおいて管内の情状を具し官林の伐採を請願せしに、内務省これを容れ、特に永世保存の成規ある一等官林の内、西置賜郡姫城及び西村山郡慈恩寺と二ヶ所の伐採を允《ゆる》さる。ここにおいて二月二十八日をもって県属鶴間重正、同鋒立清高を姫城に派遣し、慈恩寺には景綱自ら赴き、風雪を凌ぎ冱寒を冒し、役夫を督励して大小の用材を積雪丈余の中に伐採し、雪車もってこれを出す。また石材は南村山郡山寺、妙見寺、釈迦堂、上室沢、下室沢の諸邑より斫り、県属町田藤蔵は釈迦堂邑に宿して同邑及び山寺、妙見寺を監し、御用掛坂本清也は上下室沢を督して同邑の間（工場より半里程を隔つ）にあり。

景綱また与りてこれが指揮を為し石数千個を出さしむ。而して景綱役夫を督励するがため永く山間に淹留し、彼等と起居飲食を共にし、積雪寒風の中凍えたる団飯［握り飯］に塩を加えて喫食せし等、頗る艱苦を覚えたりき。また伐木の官山は建築地（山形）を距《へだ》たる概ね遠く、姫城の如きは該村山口より道程凡そ十五里あり、則ち鮎貝村河岸まで一里十二丁余陸運を為し、ここにおいて筏に組み松川の水利により寺津村河岸に至る十里余、これより陸運もって建築地に送る三里余。かくの如く距離遠く、加うるに水運の運搬なるが故に、頗る手数を要せしと雖も、三月十日をもって運搬全く結了す。この材木大小三千六百八十七本、人夫を役する四千五百八十三人。

これより山形に建築事務所を設け工事を薫督す。而して日々役するところの職工（大工、左官、石工等）数百人。もし就役一時間を緩うせば、一日数百時間の損失に帰す。故に景綱毎朝第一の鶏鳴を聞くや直ちに起きて袴を穿ち、門内の溝渠に盥漱し、袴の紐を結びながら疾走し、途中鶴間（重正）を門前より呼び起して事務所に出勤す。御用掛原口祐之（工業熟練の人にして建築の設計この人による）また建築掛にて工事を監査す。当時耳順《じじゅん》［六十歳］の老年なりしが、身に洋服を纏い毎朝景綱に先立ち鶏鳴前に出勤し曽つて一日も時刻を違えず、その精神感ずべきなり。而して鶴間重正、鋒立清高の出づるを待ち、三人部分を定め、職工の宿所に就き呼び起こして役に就かしむ。然れども彼等日々の労働甚だしく、ために熟睡して容易に起き出で来らず。然る時は細き杖をもってその門を撃つ。彼等その響きに驚愕し、門戸の破壊せんことを慮り出でてこれを開く。内になお起きざるものあるときは、入りて蚊帳をはづし身をゆすり、もってこれを起す。少年の徒、或いは前夜青楼［妓楼］に登り更深けて帰りし者、また壮年血気の輩も、毎朝熟睡快夢を覚破せらるる故に、不満の余り奥羽人種の本性を顕わし、剛腹不遜にして暴言を吐く者あり。これ等の徒は、その手を捕えて道路に牽き出し懇々説諭を加え、肯んぜざる者は、或いは胸ぐらを執り、或いは拳をもってこれを衝き、或いは手をもじき、頗る威を示してこれを使役す。

然れどももとこれ魚智の民、ただ示威のみにては誠実に尽力せざるをもって、一面私財を投じてこれを慰めしかば、恩威並び行われ、終に衷心悦服して就役し、石工頭片岡孫兵衛の如き後日に至り大いに景綱を畏敬せり。

当時景綱年歯なお壮《さかん》なれば、人呼んで狂暴となすの所為無きにあらざりしが、彼等は田舎漢にして資性傲慢且つ遅鈍なるのみならず、日々の労働もまた劇甚なるがため身体幾分の疲労あり、単純なる説諭の如きは更にその効なく、動《やや》もすれば就役時刻遅緩に流るるの憂いあり、迅速の成功期し難きをもって、世評を顧るに遑《いとま》あらざりき。而して就役時間中工場の巡視は勿論、罷役時刻に至れば諸器具の点検等に至るまで綿密注意を加えたり。初め起工の日より専心従事、九月三十日に至って全く竣工す(工事の久しきに弥《わた》りしは、再び敷地を換えたるに由る)。翌十月三島県令臨場、盛んに開校の典を挙ぐ。これより先二月二十五日官学資金三十円差出したるをもって、木盃一個、十月二日建築掛勤務中の勉励を賞して金七十円を賜う。

二九、山形県東置賜郡役所新築の事

明治十一年［一八七八］（戊寅）十一月一日山形県東置賜郡長に任ぜられ、翌二日任地屋代郷高畠村に赴く。（原註1）

（原註1）　初め単身村の入口左側に僑居し、後家族を携えて代官所跡（昔時国衡の城内堀の傍）に移る。

蓋しこの年郡区の改正あり、新たに郡制を布かる。故に、郡衙《ぐんが》［郡役所］の設けなきをもって、仮に地性院（寺院）に開庁して事務を執行す。当時管するところの村数百十一、戸数九千六百十八、人口五万七千四百二十五、耕地反別三万二千三百一町八反七畝六歩とす。抑々《そもそも》当郡の内屋代郷と称するは、旧幕府の直轄（天領という）にして、人民特に頑強、頗る難治の名あり。（原註2）而して地盤広潤なるをもって従来三区に分画せしが、三島県令の郡制を施行せらるるや、これを一団となし郡衙《ぐんが》［郡役所］を高畠村に設けらる。然るに宮内村の人民は、その地位東方に偏せるをもって宜しく自村に置くべしとの議を発し、高畠の人民は真にその処を得たりと主張す。これ宮内は旧区務所を置かれ、高畠は旧支庁の設けあり、皆旧慣によりその便宜を私せんとするに在り。互いに確執して解けざりしが、景綱赴任の後、説諭を加え、双方和解して官の定むるところに依らしむ。而して、高畠村においては、郡区改正の発令に先立ち仮に区務所を名として一官衙を築き、（原註3）他日郡衙《ぐんが》［郡役所］の用に充てんと欲して、これを官に請い、十月中既に土木を起せりと雖も、その村民等事ありて紛議を起し、幾んと《ママ》工事を止めんとするの際、景綱赴任し、百方説諭せしかば、村民翻然自ら進み費用を捐って力を労し奮って事に従うに至る。

（原註2）　屋代郷は、昔時米沢藩主上杉家の封内なりしが、寛文年中に至り収斂頗る厚く、人民その苛政に苦しむ。然るに高畠の隣村なる新宿の農家に高梨利右衛門なる豪傑あり。年齢なお十五、六の頃より大いに慨歎し、如何かしてその疾苦を救わんと欲し、壮年に及んで愈々これを一身に任じ、しばしば伊達・信夫等の代官所（伊達・信夫は初め上杉の所領なりしが、関ケ原合戦の後天領となり、代官所を置かれしものか）に歎訴すと雖も、吏に容れられず、遂に深謀を運らし、最愛の妻子に離別を告げ、或る鉱山主に請いて就役し、頗る資金を貯蓄す。ここにおいて徳川家の紋章金の葵を附

したる挟箱を造り、江戸に出でて人を傭いその挟箱を荷わせて従僕に擬し、自身は武士に扮して或る茶店に入りて休憩するの状をなして、雑踏に乗じ件《くだん》の挟箱を遺して立去れり。後、茶店の主人これを見る。大いに驚愕して直ちに評定所に訴えたり。然るに住所氏名判然と記載ありしが故に、評定所吏員は則ち利右衛門を召喚して糺問せらる。これ利右衛門が万人のために宿昔の志を遂げんとするの機会にして、深謀遠慮かねて期したるところなれば、ここにおいて上杉家の失政数ヶ条を挙げて詳らかに具申せり。爾後幕府は利右衛門を上杉家に交附し、同家は直ちにこれを所領米沢に押送し糾弾の上、元禄元年［一六八八］十二月三日、ことさらに同人の故郷なる新宿へ牽き回し、同村の輩に縦覧せしめて斬罪の刑に処せり。また同人の家屋敷・田畑山林等悉く闕所となし、これを公売に附せり。当時利右衛門のほか関係の村吏五、六人所替えを申付けらる。利右衛門の米沢より新宿へ護送せらるる時、所々において休息せしが、その地へ当時の村民相謀りて利右衛門が供養のため石地蔵建立して今なお存せりという。越えて元禄二年［一六八九］屋代郷は幕府の直轄となり、その四年丹羽若狭守の検地にて屋代郷三万七千石余と定まる。ここにおいて公私領（幕府の直轄を公領といい、諸侯の所領を私領という）全く別れたり。これより同郷は上杉家と怨結んで永年解くるの期なし。然るに明治元年［一八六八］に至り、上杉家において、幕府より十八万石の込高命ぜられたる旨をもって、自今屋代郷は私領と一般の所遇をなすべき趣を告知せらる。ここにおいて、一郷挙げて驚愕しまた寛文年中の苛政の如くならんと苦慮百端、遂に数千人の人民簑笠を着し種々の凶器を携え、仙台・伊達陸奥守へ押掛け強訴に及べり。伊達家においては大いに説諭を加えしと雖も、終に服せず。ただに服せざるのみならず、人員漸次馳せ加わり事態不穏の実況を呈せしをもって、終に幕府の聞くところとなれり。江戸に拘引せられ、巨魁は斬首、これにつぐ者は永牢の刑に処せられ、斬死牢死合せて十六人、その他歎願中非命の死を遂げし者また十余人ありしという。故に屋代郷は上杉家に対し怨恨愈々加われり。然るに王政維新、普天の下皆王臣となり、歓天喜地安堵の思いをなせり。蓋し利右衛門の如き義侠に出でしは固より歎賞に堪えずと雖も、これ等の人民のややもすれば理非の弁別なく、ただ剛腹にして身を顧みざるの遺風あり。一朝駕馭その方を失すれば、官命と雖も容易に服せず、飽くまで抵抗を試むる如き、実に難治の郷となす。

（原註3）　承安、文治の頃［藤原］秀衡の四、五男橋爪の五郎国衡の城跡にして藤原以来久しく田畝となりしところに、地を卜す。

ここにおいて夙夜勉励工事を督励し、日ならずしてこれを成し、その十二月二日をもって管内百十一ヶ村の人民若干出でて盛んに開庁の典を挙ぐ。この日三島県令は警部巡査をして天皇陛下の御真影を守衛せしめ、入りて新築せる郡衙《ぐんが》［郡役所］正位に奉安し、神酒を供し音楽を奏し謹んで祝意を表せられ、また来会者をして普《あま》ねく礼拝せしめ、もって聖明の化沢遠邇［遠近］無きを知らしむ。式終って宴を開く。当時巨牛を屠って下物《げぶつ》［酒の肴］となし、且つその頭を丸煮とし両角を存せしまま場中に備う。衆これを壮とし、各々歓を罄《つく》して散ず。

初め郡制を施行するや、仮庁を寺院に開き、万事不便なるをもって夙夜工事を督促し、僅かに庁舎の落成を待って急遽開庁せしがため、構内荒廃且つ非常用水の設けだもあらず。

故に景綱属僚を率いて先づ水源を尋ぬる数日、終に田畝の傍らに清水の奔流せるを発見す。ここにおいて附近の村落より二千五百の人夫を募り、明治十三年〔一八八〇〕（庚辰）四月をもって工を起し、庁の南庭に大池を穿ち、彼の泉水を滻《ひ》き、もって非常防火の用に供し（常に数千の鯉魚を放つ）、一面は景綱率先〔して〕属僚とともに数日間、勤務時限前、毎朝三時頃より一里に余れる大平山の東に至り、大小の松樹を担い来てこれを北庭に栽培し、また奇石を近岡に採りてその間に配置す。而して一の松苑を作りなし頗る風致を添えたり。

この工土砂を要するも運搬人夫足らざるが故に、景綱を首《はじめ》として、属僚は勿論、その妻子僕婢〔下男下女〕に至るまで出でてこれを助け、当地の戸長今井某、寺院の住職富樫締忍、有力者新野某、増渕某、新藤某等、また家族を率い競ってこれに趨《おもむ》き、互いに掛声を発し拍子を取りてこれを荷う、また盛んなりというべし。時正午に至れば、皆景綱宅に会し、庭前に莚を開き喫飯をなし、談話百出且つ種々の技を演じて（或いは櫻梠箒をもって三味線に擬し、或いは石油の鑵をもって太鼓に換う）、精気を養う。暫時にしてまた工事に従い日没に至るを常とす。かくの如く官民一致、男女老幼相携えて従事せしかば、日ならずして竣工す。景綱大いに喜び命じて松樹苑という。景綱、万般事歴を書するに当り、

或る人報ずらく、郡衙《ぐんが》［郡役所］は当時の事蹟を記録に存し、これを永遠に伝う、と。その文に曰く、

当郡衙《ぐんが》［郡役所］は素《も》と田畝地に建つるところなり。故に構内寂寞たる荒蕪に属す。ここをもって先郡長柴山景綱氏身《みずか》ら率先、或いは南に泉水を通し花樹を樹《う》え奇石を陳《つら》ね、或いは属僚を指揮し躬自ら近山より松樹を担いこれを北に植え、もって苑を作る。庶民子来り、男老幼相提携し、工事を助けて日ならずしてこれを成す。柴山氏喜んでこれを松樹苑と号《な》づく。該氏の松樹苑と号《な》づくる所以《ゆえん》のものは、松は緑翠にして四時変ぜず、永く節操を守る樹木なるをもって、該郡衙《ぐんが》［郡役所］の千古変らず永遠に存すべきを象《かた》どる所以なり。果して該氏の名づくるところに背かず、現今松樹繁茂し、一つは衛生のため、一つは火防、一つは風致、三つのもの具って既に林相をなせり。嗚呼該氏作るところの泉水混々千秋流れて休まず、植うるところの松樹欝蓊として万古緑変らず。この泉水、この松樹、郡衙《ぐんが》［郡役所］都ともに永く栄ゆる所以のもの、蓋し該氏の万世に貽《のこ》せる賜と謂つべきなり。

三二、三線道路開鑿の事

第一道路　高畠より一本柳を経、国道津久茂村に出で、松川を渡り、洲島村を過ぎ、中小松村に達する線路にして、村数十一箇村に渉《わた》る。里程三里十七丁。

第二道路　赤湯より宮内村を経、西置賜郡に通ずる線路にして、村数十三箇に渉る。里程四里九丁二十間。

第三道路　高畠より亀岡村を経、南置賜郡米沢市街に達する線路にして、村数十一箇村に渉る。里程三里十五丁、当線路中亀岡村に接して本道に突出せる山あり、初めこれを掘鑿するの目的なりしが、たまたま県官の注意あり、隧道となす。十三年（庚辰）七月起工、その九月落成、洞門長さ十七間巾三間とす。

以上三道路は、往来頻繁、日夜相接す。然るに旧来の道路は屈曲弓の如く高低一ならず、ここをもって沿道の民往来の不便を感ずる幾春秋なるを知らず。景綱これを聞き、躬《み》自ら巡検せしに果してその聞くところに違わず。よって新開の事を関係各村の戸長に諮《と》う、敢えて異議あることなし。而して戸長またこれを人民に謀り、すなわち工を明治十二年［一八七九］（己卯）四月に起す。然るに有志の徒及び人民先を争って事に趨く。その新線に係るところの家屋庭園の如き、すなわち皆公売に附し、もって代地を与う。不服を訴うる者あれば、景綱すなわち就いて諄々説諭し、その執迷を解く。かくの如くすること三閲月、また敢えて言う者なし。越えて十三年［一八八〇］（庚辰）九月に至り、その工を竣う。これより男女労せずして往き、牛馬汗せずして来る。また昔日の艱なし。先に顔を蹙めし者、今や眉を開き、皆相謂って曰く、その直き矢の如く、その平らかなる砥の如し、実に眼前王道を観るを得たり、と。

三三、虎列刺《コレラ》病発生のため人民の騒擾せるを鎮撫せし事

明治十二年［一八七九］（己卯）九月中旬、郡内に虎列刺《コレラ》病者発生し、漸次蔓延《まんえん》頗る猖

獗を極む。故に属僚を率い村吏を奨励し、専ら予防に力を尽すと雖も、遂に患者三百六十三人、死亡二百十五人の多きを出し、十一月初旬に至り始めて熄む。当時愚民等大いに騒擾し、死者を火葬場に送るに各自その自村を通過することを拒み、これを途に要して紛争を起すこと数次あり。景綱出でて説諭を加うるに、もとこれ天領の頑民。傲慢不遜にして、陽には承服を粧《よそお》うと雖も、陰に野心を懐き、動《やや》もすればまた争闘を惹き起す。故に、死者あれば予め通路と時間とを聞き、属僚を配置し、景綱先鋒に立ちて道路に伏し、その無事通過せるを認めて帰る。後には、家族等その途中に事あらんことを慮り、深夜人定まる［しずまる］を待って出だすを常とす。故に属僚先づ景綱の宅に会し、時刻を量りて斥候を派す。而して出棺の報あるや、直ちに出でて通路を警戒す。かくの如きこと、その幾回なるを知らず。この事自然彼等の聞くところとなり、景綱等の所為全く人民のために尽すの誠意に出づるを信じ、遂にはよく説諭に服して一人の異議を唱うる者なきに至る。

三四、活版所建築及び器械購入の事

景綱、戸長に謀って曰く、郡衙《ぐんが》［郡役所］書記ありと雖も、時に令達等浩瀚に渉り、謄記の煩に堪えざるものあり、これを印刷に附するの便且つ利なるに如かず、今幸いに学資及び協議費の剰余あり、もって活版所を建築し器械を購入し学事に関する一切の公文を印刷して配付をなさんと欲す、と。戸長これを賛成す。よって明治十三年［一八八〇］（庚辰）一月工を起して一舎を設け、その三月成る。直ちに器械を備え職工を傭い、而して業に就かしむ。これより各村の達書等併せて印刷することを得て、官民ともに便益を得る尠なからず。後、その事業をを拡張するに至れり。

三五、鐘堂新築の事

高畠は山間の僻地にして、人民自ら足れりとし、他の開化者流に泥《なづ》まず。当時に辰儀［時刻を示す計器］する者なし。ために公事の召喚に時限を限り或いはその機を失うこと尠《すく》なしとせず。これに加うるに、その家業に就くも時刻を知らざるがために不紀律に流れ、自然怠惰に陥るの風あり。ここにおいて景綱一の鐘堂を設け、一般人民に時刻を知らしめんと欲し、これを戸長に謀る。戸長賛成して人民に諭す。人民また争って貲を捐して明治十三年［一八八〇］（庚辰）二月工を起し、三月を出でずして落成す。これより召喚に時限を誤る者極めて少く且つ、各自日課を定め、早起業を勉むるに至る。

三七、屋代小学校新築の事

屋代小学校は旧来の陣屋にして曽つて山形県の支庁たりしが、逐年生徒の増加に従い漸く不便を感じ来る。ここにおいて、始めて新築の議を起す。然るに本校は高畠、泉岡、高安、安久津、小郡山の数村連合せしものなれば、新築の議起るや、各村別に一校を建てんと欲し、議輙《すなわ》ち諧《ととの》わず。景綱諭して曰く、築校の議異論ありと聞く、諸氏の学事に熱心なる最も喜ぶべし、然れども、もし強いてこれを分たば、ただに規模の縮小するのみならず、経費負担の増加を如何せん、と。衆悟るところあり議遂に止む。よって相地の如何を諮る。衆曰く、屋代川附近の官有地を可とす、と。乃《すなわ》ち請う如くし、明治十三年［一八八〇］（庚辰）三月工を起し、昼夜遑居せず、その十一月完成す。敷地五百歩、建坪百二十七歩強、木材は安久津山官林に採り、結構は二層にして欧風を模擬し、壮観郡内の諸校に冠たり。景綱、始めこの事を企つるや、属僚の補助少なからずと雖も、戸長、学務委員以下村民の学事に崇嚮するはまた嘉すべきなり。

四二、五箇村供用々水堰葛藤和解の事

用水の用は、豊作のよって来るところ、禾穀のよって生ずるところ、その必要たる言を俟たず。露藤、入生田、松橋、亀岡、浅川五村共用の堰あり、屋代川を湛えてこれを引く。その灌漑するところ五村の外に及ぶ。ここをもって郡中第一に居る。偶々《たまたま》分水の事よりして争論を起す。互いに相確執して相降らず、歳月を経て紛擾愈々甚だし。時に救解を試むる者ありと雖も調和せず、その極遂に訴訟に至る。これより各村或いは稼穡の事を捨て或いは委員を設けて経費を募り、もって曲直を法廷に争う。かくの如くするもの三十余年、費用支えず相共に疲弊し、村々将に破滅に及ばんとす。

景綱大いにその事を憫《あわれ》みて思えらく、捨てて救わずんば村民ともに亡びん、と。すなわ

ち自ら五村の間に奔走し、甲に説き乙に諭して席暖かなるに遑《いとま》あらず。景綱なおもって未だしとなし、これに継ぐに徹夜をもってし、もって釈難に尽力す。村民はじめ執迷して聴かず、中頃はその非を悟る者あり、而して加うるに至誠凱切の事と、奔走労劬の事とをもってす。すなわち感動し飜然悔ゆるところあり、遂にその説諭に服し騒擾全く鎮静す。今その顛末の概略を左に掲ぐ。[「水論顛末の概略」は省略する――編者]

四三、聖駕行幸の事

明治十四年［一八八一］（辛己）東北巡狩［天皇の巡幸］の事あり。景綱これを聞くや郡民渓后の誠意を三島県令（通庸）に具状す。県令これを上奏せしにや、車駕東行、東置賜郡を経、十一月一日をもって鳳輦《ほうれん》［天皇の乗物の美称］を高畠に駐めらるるの告示あり。それ高畠は山間の一小村落のみ、而して今坐《い》ながらに六龍の大駕を奉迎するを得るは、実に千載遇うべからざるの盛事というべし。これただに村民の至栄のみならず、すなわち全郡の至栄、すなわち事を金石に動してもって宜しく千載の不朽に垂るべきもの。

景綱告示に接するや、直ちに属僚及び戸長等を召し諭して曰く、龍駕奥地に巡狩す、我国開闢以来いまだかつて聞見せざるところ、すなわち今日をもって権輿《けんよ》［はじまり、事の起り］とす、特に本郡を過ぎて辱くも当衙をもって行在所となさる、小官及び諸氏の慶幸何をもってこれに加えんや、宜しくともに至誠の力を尽して歓迎の実を表わすべし、凡百の供用毫《いささか》ももって具わらざるあらば、これ小官及び諸子の責《せめ》なり、今より先づ道路を修めて触蹶の虞《おそれ》なきを期せん、行宮を増築してもって玉体の安んじ易きを計るは最急の要務たり、と。ここにおいて諸氏を部署し各その任務を定む。

また一郡に諭して曰く、玉輦奉迎のとき礼容必ず正しくすべく、儀式必ず厳かにすべし、と。殊に高畠村は、景綱すなわち戸に説き人に諭して悉くこれを服膺せしむ。村民等皆感動せざるなし。老を扶け幼携《たずさ》え、或いは道路を修繕し或いは材木を運搬し、膏油を焼きて日夜孜々凹を埋め凸を平らげ、草莱を刈り埃塵を掃え、盛るに白沙をもってす。平坦砥の如く、清潔拭うが如し。而して建築はすなわち百工手を並べて経営怠らず、九月に至って全く竣工す。月を閲《けみ》する凡そ六、而してこれ皆景綱自ら布置部勧す。これに加うるに、監督の如き口講指画を出でざるものなし。嗚呼、空前絶後の盛事、景綱聊《いささ》か労するところなきに非ずと雖も、村民の至誠、事に趨くの心、実に尽せりというべきなり。

而して王駕その日をもって行宮に駐在あらせらる。人民遠近老少となく来りて王駕を迎え拝観する者頗る多く、往来ほとんど立錐の地なし。而して大道は左右欄を設けて幣帛を陣ね俎豆を列ね、その行宮は郡衙《ぐんが》［郡役所］をもって充つ。蓋し郡衙《ぐんが》［郡役所］の地たる、寿永文治の頃までは［藤原］秀衡の子、樋爪五郎国衡の居城なりし、と。然も景綱曩《さき》に新築したるに、この時行在所となる、聖恩死に至るも忘るる能わず。当日装飾には、すなわち生花あり、盆栽あり、古器物あり、[原註1] 画幅あり、[原註2] また土産をもって富岳を作る。而してその配置陳列、粛々正々たり。なかんづく、蒼松を中断し玉座の正位に当て、これを卓上に安《ママ》く、大いさ一囲余り、枝幹奇古最も美観たり。また市街には戸毎に竹竿を樹てこれに毬灯を懸く、一竿懸くるところ多きは百余、少なきも四、五十に下らず。燭光映照、恰《あたか》も不夜城の如し。一村歓呼し、夕に及んで煙花[原註3]を掲げて（鶏鳴に至りて止む）祝意を表す。

（原註1）　薙刀兼定の作壱振。天正、慶長年間、上杉輝虎、同景勝二代に奉仕、数度の戦闘に常にこれを用い、勇名を轟かしたる老臣杉原陸奥之助親憲の所持品。柄間を模索すれば、自然摩擦左右の掌痕と覚ゆるあり。遠孫杉原楽斉の出品。〇古代の大釜壱個。〇蝦夷鉢と称する古代の鉢弐個。〇老松の

形に彷彿たる大霊芝壱株。〇嶋崎池一目魚壱疋。寛治五年、後三年の役、鎌倉の権五郎景政、先登金沢の賊塁に迫る時に賊の矢その目に中たる。帰り来ってこの地にその目を洗う。爾来池中の生魚一目なり。これすなわち景政の霊なりといい伝う。池は川樋村にあり。

（原註2）　秀吉公より上杉弾正少弼宛の書簡壱通。〇北条氏康の手簡壱通。〇同氏政の手簡壱通、以上杉原楽斉出品。〇頼山陽先生の書、竹洞連の画壱幅。〇小栗宗丹の画壱幅。〇林道春の書、片桐市正の書、千利休の筆三品張込弐幅。〇上杉謙信の仏画壱服。〇同直筆の書壱幅。〇伊達政宗の手簡壱幅。〇頼朝の手簡壱幅、等なり。

（原註3）　越後人の製造に係る。芳原二層楼の景を模す、大きさ四間許り、一本の値百金その他大小十本あり。

翌朝（十月二日）屋代学校に行幸あり。また土産数十種を配陳し天覧に供す。この日、景綱行在所に召され、参議大隈重信をもって、本郡は教育の奨励、殖産の勧誘、道路の開修等万事行届き、奇特に思召さるるとて、金五十両を賜う。後三年、村民相謀り碑を郊外に建て聖恩を無窮に伝うという。その文に曰く、

東置賜郡迎鑾紀恩碑銘

往時封建為制諸侯各画境自守法令厳密庶民病焉羽前州東置賜郡旧隷米沢藩
中興藩廃為山形県所轄開道路均賦役設学校勧農桑上下歓哈謳歌載塗明治十四
年秋　車駕省方県令三島君通庸奏郡民徯后情状乃以十月一日　臨幸茲土大道
布沙左右設欄五町　棚十町一桟陳幣列俎豆男女稽願如対神明至高畠以郡衙為
行在所一村歓呼及夕揚煙花毎戸植竹竿懸毬灯一竿所懸多者百余少亦一下四五
十燭光映照宛然不夜城矣翌朝　幸屋代校陳土産数十種供　御覧是日　賜金若
干円後経三歳衆追仰不已謀伝　恩典於無窮今県令折田君平内大嘉之於是用
賜金及冨戸義捐建石於校外表之以余往日載筆随　駕也遠来請銘銘曰
　王者之徳蕩々乎　　王者之民皐々如

有斯徳而有斯民　　孰謂世不苦唐虞
鐫銘貞珉録夏諺　　后則来矣民則蘇

明治十七年夏六月建

宮内文学従五位川田剛撰

左大臣陸軍大将二品大勲位熾仁親王篆額

内閣大書記官従五位勲五等金井之恭書

この時に当り、南置賜郡米沢市にもまた行幸あり。高畠より亀岡を経て該市に至るの予定なり。然るに米沢の市民挙《こぞ》って高畠より国道を通御あらんことを願望し、県属土木課長高木秀明を介し景綱をしてこれを県令三島通庸に請わしむ。景綱意《おも》えらく、高畠の行幸を了え幸いに鳳輦を米沢に枉げらるるにおいては、士民の請いを容るるも何の不可かあらん、と。具《つぶさ》にこれを県令に告ぐ。県令色を作《な》して曰く、通御の事は上奏の末既に已に確定す、今士民の願望如何をもって軽々その変更を奏する、豈に恐懼の至りならずや。景綱その動かすべからざるを知り、これを高木秀明に報ず。然れども士民の願望なお止まず、更に郡長山下政愛をもって県令に請願し、景綱にも重ねて情実を陳べられんことを請う。ここにおいて景綱属僚をして往いて諭さしめんとす。属僚多くは米沢の出身にして、衝に先輩に当ることなれば、皆避けて往くを欲せず。強いてこれを促すもまた応ずる者なし。

景綱蹶起、事ここに至る、躬《み》自らせざるべからず、往いて山下郡長政愛をその郡衙［郡役所］に訪う。偶々《たまたま》不在なり。よってその属僚に面し、今や御順路の変更すべからざるを告ぐ。属僚士民の情実を陳して頗る歎訴す。去って頭取の士某を訪う。某、乃《すなわ》ち他の頭取三、四人を招く。景綱謂って曰く、通御の事は曩《さき》に県令の上奏により既に確定せり、今将た如何ともする能わず、諸君よくこれを衆に諭せ。頭取等異口同音士民の不服を訴えて止まず、ために刻を移す数時、景綱容を正し誠意懇切慰諭して曰く、諸君、乞う熟慮せよ、恐れ多くも一天万乗の至尊なり、豈に郷社の神輿《みこし》が彼此の町村に出入し、屈曲迂回して普《あま》ねく氏子の門前を渡御するが如きに倣うべけんや、と。頭取等悟るところあり、遂にその意に服す。後、話頭他に転じ、相互胸襟を披き、宛然旧知の如く、不識庵［上杉謙信］の拾遺書（二巻）を借りて帰る。そもそも米沢は昔時東奥の雄鎮と称せられ、当時六千の士族あり、頑猛慓悍、もって気勢を張る。曽つて某郡長あり、一時士民の嘱望を失う。而して世俗のいわゆる胴揚げなるものに遇い、遂にその腰骨を挫折す、と。聞く者畏懼せざるなし。景綱のこの行、もし無礼に遇わば大いに為すあらんと心中窃かに決する処ありしが、ただに無事目的を達せしのみならず、却って知己を得て帰る、また幸いなりというべし。

四六、政党首領逮捕の事

明治十五年［一八八二］（壬午）一月二十六日、福島県一等属に任じ学務課長を命ぜらる。然るに疾病のため直ちに起つ能わず、四月十五日に至って赴任す。

抑々《そもそも》本県は自由党の巣窟なり。渠魁河野広中は、県下田村郡の産にして、時に県会議長たり。該党の自［持？］論に曰く、福島は奥羽の咽喉なり、ここに本部を置かざるべからず、と。無名館（自由党員の屯集所）を設けてこれに屯集す。而して前県令（山吉盛典）のこれに処する頗る寛大なるをもって、彼等抜扈跳梁せり。本年一月新県令（三島通庸）の赴任するや、施政厳正方針一変す。故に彼等その意を恣《ほしいまま》にするを得ず、ここにおいてか反対の位地に立ち、当年の県会において県庁発するところの議案を全部否決するの暴挙に出づ。而して県令(三島通庸)排斥の運動をなし、第一手段として品行上の欠点を探れり。然れども挙げて論ずべきの事なく、或いは斬殺すべしとの議ありしと聞く。当時県令は山形より来り県下の鴻益を謀らんがため、百般の改良に着手し、就中道路の開修は一時諸方に起る。運輸交通極めて不便なるをもって三方道路の開鑿を為すなり。これをもって当時工業中の最も大なるものと為せり。小民等一労永逸の利を知らず、ただ目前の出費と力役とに苦情を訴うるの傾きあり。党員等この機に乗じ愚民を煽動し、福島地方と東西相応じ事を挙げんとす。乃《すなわ》ちその十一月、若松地方に凶徒聚集の挙あり。

これより先、同地不穏の飛報あり、県庁においては警部巡査を派遣しこれが防備を為せり。然るに暴民等果して若松、喜多方の両警察署を襲い来る。殊に喜多方の如き、およそ五千人許り、鯨波《ときのこえ》を揚げ石礫《いしつぶて》を擲つ等、頗る暴行を極む。警官等説諭に力を尽すと雖も更に服せず、益々抵抗し来る。故に止むことを得ず抜剣もって両三人を斬り、衆始めて解散するに至るという。河野広中等その跡を晦ます。因って県庁は日夜探偵を放ってその所在を索《もと》めしむ。当時景綱警部に兼任し警部長代理（外田重之不在中）を勤務す。十二月某日に至って警部指宿某、竜造寺某、河野（広中）の当市（福島町）に在るを探知し、これを書記官村上楯朝（当時県令出京不在）に告ぐ。書記官急使を遣わして景綱を呼ぶ。景綱直ちに行きてその故を問う。書記官曰く、今日河野来りてこの地に在り、即ちこれを捕らえんと欲す、と。景綱大いにこれを賛し且つ曰く、今彼等を捕うるにその家を囲まざれば逃走の憂いあり、故に五、六の人員を要すれども、警察官吏多くは会津の変に赴き止まる者極めて尠なきをもって、更に当器の人を撰ばんと、時午後九時頃なりしが景綱躬ら疾走して県官の最も信ずべき者を喚起し、警部心得として逮捕者の中に加う。これより出でて彼の家を囲み、警部指宿、加治木、福留をして先づ正面より向わしめ、景綱等次の室に在り令状を示して拘引す（その夜初更の頃までは党員多数屯集せしが、漸く散じて在るもの僅かに両三人のみなりしと覚ゆ）。彼抜刀の隙もなく、敢えて抵抗せずして捕に就く。よって即夜若松（犯罪の地）裁判所に押送す。この夜月色冴え天に一点の雲翳なく、元禄の昔時大石等が吉良家を襲いし事などを追懐せり。当時警部心得として逮捕に加わりしは、県属回武彦、小山満峻、新穂一、岡舎巳、典獄大浦則泰等なりき。

因《ちなみ》に記す、河野（広中）は凶徒聚集の罪をもって禁獄（七年と聞く）の刑に処せられ、在獄中諸書を研究し徳義を練習すと聞く。初め同氏の三島県令における、肉を食らうもなお厭かざるの仇讎なりしが、出獄の後人に語って、今より追想するに当時予等の所為或いは過激に渉りしこと尠なからざれば、三島の怒るも故なきにあらざりき、官吏たる者須《すべか》らく彼が如き果断を要すべしと曰えり、と。通庸［の］死後明治二十三年［一八九〇］（庚寅）夏、芝区三田四国町に大火あり、三島家の附近悉く延焼し甚だ危し。時に主人（弥太郎）

は米国に留学し、家族概ね大磯に遊び、女児の当地に住する者また学校に出でて一人の家にある者無かりき。然るに従来敵視せし河野広中第一に来り訪う、と。(編者註)景綱これを聞き、その義に感服す。他日［景綱］三島家を代表して諸氏の門に至り近火来訪の厚意を謝す。当時河野をも訪い時機あらば往事を談話せんと考えたりしが、偶々不在なりし。よって名刺を投じて帰る。爾後河野また麻布の某所に転ぜし時、景綱が門を訪い来る。時に景綱外出中にして、また面会するを得ず、甚だ遺憾とす。故に重ねて訪問せんと考え居たりしが、その中伊勢へ赴任する等、かれこれ遂に未だその志を達せず。

(編者註) 明治十五年(一八八二)に福島県令三島通庸と同地の自由党員・農民との対立が激化した結果起った「福島事件」は、自由民権運動に対する明治政府の最初の大弾圧事件であり、福島自由党の首領で国事犯として軽禁獄七年の判決を受けた河野広中にとり三島通庸は不倶戴天の敵であるとされて来たことは、周知の通りである。

しかし、河野広中が福島事件の後に三島通庸に対して敬愛の情を抱くに至り、三島の死後も遺族に暖かい配慮を怠らず、第一番に近火見舞に駆けつけたというエピソードは、編者自身が三島通庸の次女の故牧野伸顕夫人の口から聞いており、景綱が右に記していることは、これを裏書するものである。これまでどの資料にも触れられていないと思われる三島通庸と河野広中の「友情」がどのようにして生れたのかは、研究に値しよう。

明治十年［一八七七］（丁丑）の役［西南の役］麑府《げいふ》方にて処刑せられ、［景綱の］三弟四郎兵衛［弘化三年生れ、伊地知家を継ぐ］と同じく秋田の獄に在りし肥後人某氏あり。明治二十二年［一八八九］（己丑）中、四郎兵衛募兵のため鹿児島、熊本辺を巡回し、偶々某氏を訪問せしに某氏は当時自由党の相応なる位地に在り、談三島（通庸）の事に及び、某氏評して、官職に在る者三島の如くならんことを欲す、彼が処置は感服なりといい、該党においては頗る賞賛せりという。

三島は、苟《いやしく》も牧民の職を帯び、濫《みだ》りに圧制を行うが如き人にあらず。福島の自由党における、彼甘言をもって小民を煽動し、ただ官に抗するをこれ事とし、戸長役場に郡役所に県庁に、至るところ不平を鳴らし抵抗を試み、動《やや》もすれば腕力に訴うるが如き状況にして、施政に妨害をなすこと鮮少ならざるをもって、止むを得ず厳正の処置に出でしのみ。

三島は、世の変換に処しては闊達にして、欧米諸洲の事物に考え、彼の長を取り我が短を補う如きは勉めてこれを為す。夙《つと》に長男（弥太郎）をして米国に留学せしめし如き、専らその意に出づ。然れども幼より皇学を修め深く国体を重んず。故に一毫の微と雖も国体を毀傷するが如き事あらば、百難を冒してこれを遏めんことを勉む。三島は先見明らかにして、事を処するに果決勇断、宛然電光の如し。また業を起すに当っては深謀遠慮、先づその難易成否を判じ、且つ算法に達するをもって自ら予算を立つ。設計既に成って一度着手せば、世人が狂と為し暴と為し、或いは殺害してもって首級を晒すと呼号するも、動かざること泰山の如く、これを遂ぐるにあらざれば止まざりき。国手［名医］高木兼寛は多く他人を賞賛せざる人なりしが、三島（通庸）を評して、兼寛従来人に接する幾何《いくばく》なるを知らずと雖も、三島の如く先見ありし人を見ず、三島は、硝子《ガラス》越しに先の物を見透すように、能く先の見えし人なり、誠に惜しき人を喪い実に痛悼に堪えず、と云えり、と。

三島の明治政府に尽せし略歴は、明治二（己巳）、三（庚午）年の間、西郷吉之助（隆盛）等、同氏をして藩中難治の第一なる日州都城郷を改革せしめ、頗る成績あり。また四年（辛未）に西郷は同氏に東京府知事たらんことを勧むる［こと］再三（隆盛の手翰［手紙］、今なお同家に存す）なりしが、同氏固く辞し参事となりて任に就く。在職中の成績大いに観るべきものあり、後教部省に転ず。時に知事大久保一翁一翰を寄せてその別れを惜しむ。書中、一翁今日より両腕を落したる様に有之との文あり（書簡今なお同家に存す。この他貴顕の親書数千あり）。

爾来［それ以後］庄内県に森藤右衛門等紛紜の難事あり。時の内務卿大久保利通、同氏を抜擢して同県の令と為しその難局に当らしむ。然るに利刀をもって乱麻を断つが如く、容易にその局を結ぶに至る。これより酒田・山形・福島・栃木の各県令に歴任し、則ち秋田、庄内の境界より東京に至るまで(僅かに埼玉の一県を除く)、旧諸侯が各城郭を構え、故《ことさ》らに要害と称せし峻坂険嶺を開鑿して坦道と為し、或いは橋を架し、或いは船を渡し、もって人馬の往来・物品の運輸に便せしむ。また或る地方には桑苗を人民に貸与して或いは製糸の器械を備えて大いに女工を募り、或いは和樹洋木を栽培し、或いは水に魚を放ち陸に鳥を飼い、もって物産を繁殖せしむ。また師範学校を興して教員を養成し、もって学事を隆盛ならしむ。また病院を設け患者を治療し、もって健康を保たしむ等、交通に殖産に教育に衛生に専ら力を尽し、その他県庁を建て警察署を築く等、苟《いやしく》も国利民福と為るべきもの頗る成績あり。

かくの如く幾多の事業を起すには、幾多の属僚、幾多の役夫を要せしと雖も、その属せしもの更に倦怠せず厭嫌せず、皆能く喜んで趨り、皆能く奮って勉む。これ他なし、使役の法宜しきを得たればなり。凡そ三島の人を使うや、信賞必罰、功あれば賞に時を移さず、過ちあれば罰踵を旋さず。ここにおいて人皆活動す。当時の属僚等、その実を知りし人々は、今に至るまでその徳を慕うの風あり。

五一、伊達郡役所新築の事

明治十六年［一八八三］（癸未）四月十二日、郡衙《ぐんが》［郡役所］を桑折村に移すの令あり。（原註1）

（原註1）　本郡は面積広大にして元三区に分画し、その区役所を、一は桑折に、一は保原に、一は川股に設置ありしが、明治十二年［一八七九］前県令の郡制を施行せらるるや、これを一郡となし、保原は三区の中間に在りしをもって郡衙《ぐんが》［郡役所］をここに置きしという。景綱郡長の命を拝するや、これを審按するに、桑折は稍々西部に偏在するの嫌いなきにあらずと雖も、国道線路に当り郡内第一の都会にして、他日鉄道敷設の暁には停車場も置くべきの地と予想し、郡民の利益かれに在らずして却ってこれに在ることを認め、これを具申せしかば、県令の容るるところとなり、その手続を履行してこの令あるに至る。

因ってこれを郡内に告示し、その十五日をもって乃《すなわ》ち桑折に移転し、仮に寺院に開庁して事務を執行す。然るに庁舎その体裁を成さざるのみならず、極めて狭隘にして官民共に不便に苦しむ。ここにおいて、景綱その建築を企つ。桑折の人民郡衙《ぐんが》［郡役所］の自村に改置せられしを喜び、奮ってその資金を一村に負担せんと乞う。景綱その篤志を賞す。即ち地を村の中央（田圃民家と錯雑す）に相し、その設計をなしてこれが予算を立てしむ。然るに庁舎建築に要するもの一万六千円、敷地購入及び民家移転の手当等併せて二万［円］となる。（原註2）

（原註2）　抑々《そもそも》本県は、従来公共に係る道路または建造物等の工事少く、郡衙《ぐんが》［郡役所］の如きは概ね旧陣屋或いは寺院、甚だしきは旧藩の倉廩等をもって仮にこれに充て、郡衙《ぐんが》［郡役所］としての建築は多く見ざるところ、また稀に学校の新築あるも規模甚だ狭小なり。故に桑折村民の意思は、郡衙《ぐんが》［郡役所］建築に要するもの多きも七、八千円に過ぎざるの考えなりしに、景綱の設計過大にして二万円の巨額を要すと聞き皆愕然たり。蓋し桑折は

一村六百余戸あれども、挙村悉く富裕家にあらず、富裕家は寧ろ少きに居り、資金の義捐を為し得る者僅々百八十戸に過ぎず。故に一戸の負担平均百余円の比例なれば、間々苦情を訴うる者無きにあらざりしが、属僚岡舎己説諭最も努め、最多額一万円［の］角田林兵衛を第一とし、戸長氏家喜四郎、無能寺住職某外三人各一千円以下応分の出金を為し、遂に予算の金額を得るに至る。

而してその二十九日をもって土木を肇《はじ》む。先づ民家を移し同時に土を附近に採り、これを平均して敷地を高燥にし、埋むるに石礫土塊の類をもってし、これを撞きこれを堅めて建築の地盤を鞏固にし、加うるに石を四囲に甃《つ》み（最高一丈余）、その崩壊を防ぐ。これより礎石を置く三層、庁舎を築く三階、下層は事務所、二階は会議所と為し、上層はもって臨時の用に充つ。また構内には人民争って奇卉珍木を寄せ、石を西山の半田に採り、布置安排頗る風致を添う。景綱初め起工の日より毎朝第一の鶏鳴に出で、属僚と共に職工を鼓舞激励する、一に山形師範学校建築の時とその法を同じうす。時に或いは土塊を荷担し、或いは石礫を運搬し、もって工夫と労を分つ。然るに当地有志の徒及び娼妓の輩まで出でて加わりしこと屡々なり。土木の竣工する実に九月一日なり。この工事や、景綱精神の注ぐところ、人民奮発の致すところ、結構の牢、輪奐［宏壮］の美、県内或いはこれに比する者ある無し。

越えて十月十八日、三島県令属僚を率いて臨場且つ県内各郡長、治下各戸長、その他新聞記者、各村有志者等、楼上楼下に充満し、盛んに開庁の曲を挙ぐ。式了りて宴を開く。且つ烟火［花火］等の余興あり、遠近の人民老幼相携えて参観し、極めて盛会なりき。この日県庁より建築の慰労として景綱以下属僚に賞品を賜う。各々差あり。景綱、有栖川一品親王御筆、木盃三ツ組及び糸織一疋を拝受す。後十七年［一八八四］（甲申）九月一日に至り、伊達郡役所新築費として金四十円寄附せしを賞して木盃一個を賜う。

これより先、九月三十日、伊藤参議（博文）、奈良原日本鉄道会社々長（繁）等山形県に界せる栗子隧道［トンネル］の巡覧あり、三島県令これに先導す。初め桑折村戸長氏家喜四郎等、伊藤参議の本県巡回あるを聞くや、来り乞うて曰く、願わくは郡衙《ぐんが》［郡役所］の建築を一覧に供せんことを、と。景綱考うるに、他日開庁の式典を挙げざるべからず、今参議を聘し費用を二重に要するまた容易ならず、と。参議巡覧の事は却って意と為さず、曰く、足下等希望なれば自身出張先に出でて願われよ、と。戸長（氏家喜四郎）等二本松辺にまで出て三島県令に頼って請願せりという。

爾後参議の一行会津方面を巡視して遂に栗子に来る。この日景綱、意更に進まざれども、栗子は茂庭村に在り、我が伊達郡に係るをもって出でて迎送す。出向の途、景綱意えらく、桑折人民の希望かくの如く切なるに、黙して云わざるは郡長の本意にあらず、必ず巡覧を請願すべしと決意し、湯野村に至って下車し、随行員岡書記（舎己）に命じて今日必ず参議を同行すべしとの書を裁せしめ、躬自ら脚夫を傭い来り、疾駆桑折に賷して、歓迎の準備を為さしむ。

然るに国道に出づるの間、山路険悪、腕車の通ぜざらんことを憂う。偶々巡査某の巡行するに逢う。因って托して曰く、本日伊藤参議に郡衙《ぐんが》［郡役所］の巡覧を乞わんとす、今景綱等急行栗子に向うの途にして、また如何とも為し難し、願わくは足下戸長に謀り、人民を督して国道に出づるの山路に修理を加え、車行に艱苦なからしめよ、と。而して行く行く栗子に向い山道便宜の地に休憩所の設けあり、洋酒缶詰等を備う。景綱等先づ至り、待つこと稍々久しうして参議の一行来る。景綱参議に面し暫時休憩ありたしと述べしが、参議返詞もせずして過ぐ。景綱呆然車に乗って追尾せんとす。時に奈良原（繁）の来るに逢う。景綱曰く、今日の参議ドンはナカナカヒドイ風ジャネイ、と。奈良原、呵々大笑し相互挨拶して行き過ぎける。これより二ツ木屋に至り、奈良原に謂って曰く、伊達郡桑折村の人民宏壮なる郡衙《ぐんが》［郡役所］を建築し、参議の一覧を請わんと日夜希望切なり、足下ために尽力あれ、と。機敏の奈良原快然承諾す。

景綱、同処の庭前において参議に見え名刺を出して、今日は御苦労に御座りまするると云いけれども、参議はただ「いい」と云いしのみ、帽子も脱せず。景綱意えらく、実に無礼漢なり、未だ曽つてかかる人物を見ず、と。不平の意顔色に顕われしかば、三島県令傍より景綱を慰諭して曰く、洋行せし者概ねかくの如し、これ西洋官吏の風なり、敢えて咎むる勿れ、と。又奈良原同処の一室において桑折の巡覧を請求す。然れども要領を得ず。故に三島県令に頼ってこれを乞わんとす。県令曰く、参議は本日福島に還るの予定なり、豈に桑折に出づるの暇あらんや、且つ近頃帰朝（曽つて洋行し）し身体の疲労未だ全く去らずという、強いて巡回を乞うこと予の為し能わざるところなり、と。景綱乞うこと再三、県令聴かず。景綱曰く、余直［接］に請願せん、乞うこれを聴るせ、と。去って隧道を一覧し、山形県栗子の茶店に午餐を喫す。

参議正面に在り、左側に林内務大輔（友幸、白髯の老人）、大久保利和（故利通長男）、山形県令折田平内、同県警務部長財部羌、また戸口の方に三島県令、奈良原等侍坐す。景綱、中山高明（県属土木課長）、佐藤信義（県属庶務課僚）等と三室を隔てて坐す。

時機を測り将に出でて言わんとす。中山（高明）衣を牽き止めて曰く、豈に他人に頼るの時ならんや、と。景綱、乃［すなわ］ち飛び出て参議に謁し、慇懃に礼を為し、励声一般、参議様（ことさらに名を呼ばず）と云いければ、参議一顧す。ここにおいて、景綱、辞を卑しうして曰く、福島県伊達郡は人民二万余円の資金を投じて建築するところ、僻地には稀有の構造なり、然るに君が福島地方の巡覧あるを聞くや、是非々々枉車を乞わんと、未だ開庁式も行わずして来臨を待てり、これより桑折（郡衙《ぐんが》［郡役所］所在の地）へは横道なれども、下り坂にして行くこと一里許り、継信、忠信の父佐藤庄司元治の築きし大鳥の城趾あり、また城下に有名なる温泉ありて今朝よりその湯を汲み替え置けり、その他数箇所の名所旧跡を数え、切に来車を乞う。参議時間なきをもって辞す。

景綱人民歓迎の希望を陳べて休まず。参議答えず。景綱、意自ら平らかならず、左様に御繁忙にて御座ればもうよう御座ると言い放たんと欲し、語咽喉まで来る［こと］数回、然れども曽つてこれを聞く、言葉は残せ、と。故に忍んでその返答如何を待つ。参議喜びざるの色あり、起って厠に行く。景綱戸口の方に坐し、なお退かず。時に折田山形県令盃を景綱に嘱し且つ種々の談話あり。参議戸口より入り来り、この状を見て如何考えられしか、それなら来り申そうという。景綱大いに喜び礼を厚うして、これは有難う存じますと陳べ、暫時談話を為し居たり。三島県令曰く、最早日も段々入る、ワイは早く帰れ、と。因って座を退き、岡書記（舎己）に命じて曰く、急遽帰庁し一切の準備聊かも欠くるところある勿れ、と。中山（高明）座に在り、土木課員某を貸すべしと、命じてこれをも馳せしめたり。自らは随行の帰る曩《さき》に託せし巡査某の指揮克く行届き、山路の修繕成りて車行困難を見ず。一行の村界に入るや、烟花もって祝意を表す。軈《やが》て郡衙《ぐんが》［郡役所］に至る。参議曰く、頗る壮観、東京にも多く見ざるところ、と。暫時休憩して去る。その他、松方大蔵卿（正義）、大山陸軍卿（巌）、石井土木局長（省一郎）等、前後巡回の途次来観してその宏壮を歎賞す。

七八、信夫郡生絲販売方改良の事、附・福島出発の事

明治十九年［一八八六］（丙戌）、［景綱を］警視庁に任用の内命あり。時に赤司県令（欣

一）、景綱に謂って曰く、卿は親しく郡長たりし信達［信夫・伊達］両郡は勿論、遠く会津の地方に至るまで、人民頗る望みを属せり。方今、東京は当世の事務に通ずる者多く、また昔日と異なり、寧ろ当県の書記官となり留任するの勝れるに如かざるべし、止むなくんば信夫の蚕糸をして伊達郡の如く合同販売に改良し、然る後転任あらんこと、余が切望に堪えざるところなり、と。

景綱資性侠気に富む。これを聞き一概に謝絶する能わず、鋭意改良に着手す。蓋しこのこと成るの暁に至らば、仲買人なる者は廃業の窮途に陥るの他なし。偶々《たまたま》不服者あり、これを漏聞し、彼の仲買人等と共謀し、百方これを妨ぐ。元来景綱の不日転勤するは、人皆これを知る。一日会議あり。時に景綱感冒に罹り発熱甚しく、ために臥床せしが、緊要の問題なれば病を努めて臨席す。然るに勧業課長山口某等数人列席せり。景綱その間を縦横に徘徊し揚言して曰く、景綱にして瞑目せざれば、必ず伊達郡と同じく合同販売に改良せん、と。山口某、始めその席においては皆黙して一語［も］無かりき。而して景綱は病のため早く退く。彼れ議員（多くは仲買人なりという）等、事の容易ならざるを覚り、遂に衆民を煽動す。ここにおいて、各所竹槍席旗《むしろばた》の企てありと流言し、これを県令（赤司欣一）に報ず。

赤司県令驚愕して急遽景綱に告ぐ。景綱曰く、合同販売の事、もとこれ国家を思うに出づ、而して彼の仲買の輩、私利を営むの余地無きに苦しみ、愚民を煽動して不穏の企てをなすのみ、景綱病躯なりと雖も諸肌脱ぎとなり、一、二人を切り倒し、もって決意を示さば、余は直ちに解散せん、と。爾来仲買人の煽動いよいよ加わり、不穏の声四方に起るをもって、赤司県令これを憂うる［こと］深く、終に景綱の会議に臨むを禁ず。この時に当り、景綱の出京を促すの電報東京より来ること頻りなれども、赤司県令の懇請辞し難く従事せしことなれば、議場出席禁止の令は実に欣抃の至りに堪えず、直ちに旅装を整え、その四月十五日福島を発して上京の途に就けり。

信夫においては赴任以降敢えて人望を失わざりしが、生糸販売法改良の件については、県庁勧業課員［が］仲買人等と心を同じうして煽動せしことなれば、これらの徒には大いに人望を失えり。然れどもその出発に臨みては、旧誼黙止し難くやありけん、赤司県令を首めとし県庁各課員、郡吏、町村吏及び知己の人々遠近より群集し、雲霞の如く景綱の行を送る。その人員、紅葉山（旧大守板倉侯の城趾）の邸宅より信夫橋（洲河に架す）に至るまで連続せり。而して遠く須賀川まで来たりし人あり。（原註1）後、聞くところに依れば、景綱出発の後、赤司県令は山口某を他に放逐せりという。

（原註1） 弟［是枝］万助、病を養うて伊達郡桑折に在りしが、景綱の出発前日寄り来たり、送別人の多きを見て驚嘆し、土地に蹲踞して曰く、兄さんは誠に人望あり、と。妻八重子記憶して今なお語れり。

抑々《そもそも》景綱が山形県の東置賜郡における、福島県の信達二郡における、一に国利民福を謀り、殖産、交通、教育、衛生その他の改良をこれ事とし、前記の事業を起し席暖かなるに遑あらざりき。これ独り景綱のみ然るに非ず、当時郡長たる者、功績の挙否に大小の差ありと雖も、皆その方針を同じうす。或る時福島県属岡舎己の景綱に寄せたる一書あり。左に録す。もって各郡長の鞅掌の一斑を窺うに足らんか。

謹んで柴山郡長貴下に白《もう》す。予旧臘新旧県令［の］管下の巡視に随行し、貴下と同じく山区水概風俗民情を視察するの幸を得、予の喜び何ぞこれに過ぎん。而してその二十九日を以って福島を発し、飯坂に桑折に郡山に三春に、前後軌を列ねて行く。何ぞ図らん、三島旧［県］令事の東京に在る有って、別れを新［県］令に告げ、直ちに帝宸に向い、貴下また旧［県］令を送ってこの地を発せられんとは。予は命ぜられて新［県］令に随行し、貴下と爰に袂を分って磐城に向う、遺憾何ぞ限らん。而して当日新町に一泊し、翌十八年一月一日の暁、楢葉郡川前を経て磐前郡に入る。本郡は即ち岩下郡長の管治するところ、行くこと若干にして一條の新道に出づ。これ磐城街道、乃ち平に達するの路線にして、一万間の長き、已にその工を竣う。幅員極めて広く坦々砥の如く、国道もなお若《し》かざるの観あり。その未だ成らざるは、三箇所およそ五百間（間数は現場の工夫に聞き得しところなれば、或いは齟齬あるを保せず）、嶮崖水に臨み、岩石巉々、爆烈薬以てこれを砕く。一時十数発、雷声天地に轟き、猛勢龍虎の相闘う如し。豈に愉快ならずや、と。予聞く、該工費十六、十七の両年度に地方税一万六千円を仰ぎ、更に六郡聯合会を開きて補［助］金四万円を徴収す、と。実に一大事業というべし。

時に董役の吏員、相謂って曰く、県令の巡視工事の未だ成らざるに遇う、また遺憾ならずや、と。予曰く、然り、豈にそれ然らんや、工事の已に成って坦道砥の如きに至り、列車これを轢らば、或いは容易に経過するの憾みなきを保せず、今この工事の艱難を実視せらる、また好機会ならずや。而して稍々車を進め已に平に至るや、郡衙《ぐんが》［郡役所］新築成って開庁の式典を挙ぐ、位置宜しきを得、結構極めて壮麗、実に地方の美観たり。

開庁式畢り、更に盛宴を開く。予、盃を岩下君に属して曰く、君の治下に入れば、道路の開鑿あり、郡衙《ぐんが》［郡役所］の建築あり、工事甚だ多し、果して君が終始王事に鞅掌して虚日なきを識る、而して三島旧［県］令と柴山郡長のこの境に来臨あらざりしは、予の深く惜しむところなり。君曰く、然り、と。遺憾の色面に溢る。翌日平を発して小名浜に至り同所より湯本を経てまた平に帰る。到るところ道路開修、工夫途に満つ。予曽つて貴下の驥尾に附し、郡務に従事せしをもって、事業困難の真味を甞む。而して一事業を起す、なお以って易しとせず。今この郡に入る、道路の開鑿、郡衙《ぐんが》［郡役所］の建築、一も遺すなく、実に麻姑搔痒の快あり、岩下郡長の精神果して如何ぞや。赴任日久しきにあらずして、この盛事を呈す。或いは他にこれを助くるものありて然るか。予、この行事業の盛んなる、本郡を以って最と為す。貴下曩《さき》には郡山より三春を過ぎり、田村郡の実況を視られ、後には棚倉に赴き東白川郡の状態を察せらる。独り平に至っては、足跡その郡界に踵らす。貴下果して遺憾とするところならん。況んや事業の盛んなるところにおいてをや。予の拙筆固より全豹を写す能わずと雖も、貴下その一斑を観るの感あらば幸甚。且つ予は岩下氏のため故らに申告するにあらず、予が最も感ずるところにして、貴下その境に臨まざるが故に、独り黙するに忍びず、敢えてこれを述ぶるのみ。

翼くは貴下幸いに諒察あらんことを。頓首再拝

明治十八年一月　　　　　　　　岡舎己

柴山郡長貴下

七九、保安条例執行の事

外務大臣井上馨の条約改正を行わんとするや、先づ政府雇いの仏国人ボアソナード氏反対を唱え、尋いで農商務大臣谷干城反対し、これより天下反対を唱うるもの多きに至る。谷干城（農商務大臣）は、曩《さき》に欧州を巡回し、帰国するに及んで内閣と意見の合わざるものあり、ここに至って意見書を出してその同僚に問い、元老院議官鳥尾小弥太等また政府の措置に服せず、大いに元老院の議権を拡張し、これをして立法の実権あらしめんと建言す。南海の板垣退助、東京の勝安房［海舟］等また交々《こもごも》政府に向って政治上の意見書を出し、後藤象次郎は時弊論を為し、自ら天下の有志家なる者を率い各地を遊説し、もって頻りに政府の欠点を非難する等、政海［界］の状況頗る穏かならず。而して如何なるところ

より漏洩せしにや、時の有志家なる者、諸氏の意見書及び政府が秘密に調査せるところの憲法草按を併わせ密かにこれを印刷して、もって天下に撤布せり。因ってこれを得たる者は政府を攻撃するの好材料を獲たりと為し、天下の政談家は皆異口同音［に］伊藤［博文］内閣を攻撃し、就中《なかんずく》井上馨（外務大臣）の外交主義を非難せり。

抑々《そもそも》外交問題は国権の伸縮に関するをもって、ただに民間のみならず政府部内に在る者また斉しくこれを攻撃す。ここにおいて伊藤首相（博文）は井上外相（馨）と絶ちその職を去らしめ、谷農相（干城）も相尋いでその職を辞す。時に三島通庸、警視に総監たるをもって、治安の維持に任ず。而してこれ等の政変を来すや、畢竟秘密出版、処士横議の致すところと為し、秘密出版者を逮捕してもってその罪を治せり。

この時に当り、高知県の有志家以為《おもえ》らく、我等曩《さき》に天下に率先し自由の大義を唱道し、なお時の不可なるものあり、暫く党を説きもって機会を待ちしが、今や則ち時期熟せり、豈に鬱屈《うっくつ》するの時ならんや、と。西山志澄等帰県し片岡健吉等にその状況を報ず。聞く者皆切歯奮起広く天下の輿論を喚起せんと、党員を東京、大坂、広島、島根、岐阜、名古屋等の各地に派し、もって遊説す。而して片岡健吉等、日夜高知の後楽館に密会し、現内閣の改革せざるべからざることを論議し、竟《つい》にもって建白書を捧呈するに決す。その要旨は、外交政略の非計を矯《た》む事、租税賦課の苛重を減ずる事、言論集会の禁制を解く事の三件なり。而してこれを県庁に出し、もって内閣及び元老院へ送達せんことを請願す。ここにおいて、県庁果してこれを送達したるや否やを視察せんと片岡健吉等上京す。これに随従せし壮士また数十百人あり、これ等の徒、意気軒昂言って曰く、この危急存亡の秋に当り、執務大臣にして徒らに国均を秉り、暴戻擅横、毫も忌憚《きたん》するところなし。我等今上京し建白を為すと雖も、もし大臣にして顧みるところあらずんば、断然非常手段に出でざるを得ず、と。而してこれ等の報の高知に達するや、同県壮士の都下に入るもの日に多く、現任大臣の過半を殺害するの計画ありと聞こゆ。

ここにおいて、政府は治安維持のため「保安条例」発布、即時執行の事あり。これ明治二十年(亥丁)十二月二十五日なり。この日、警視庁総員忘年会を芝山内の弥生社に催し、本庁各局署部、各警察署、各消防署、各監獄署、便宜のところに各自団を為し、菰《こも》被りの四斗樽を庭上に并列し、将にこれを開かんとするの時、総監(三島通庸)、夥多の書類を携帯し、突然来臨(総監は当日内閣へ出頭、後警視庁において諸事の調査を為し、時期を計りて弥生社に臨みしという)せられ、警察本署長安立利綱を首《はじ》め、各警察署長以上を同社の本室に召集し、徐《おもむろ》に告げて曰く、只今政府より保安条例なるものを発布せらる、故に即時これが実施に着手せんとす、乞う諸君満腔の精神をもって従事せんことを、また為す能わずと思惟するものはこれより去れ、と。後、笑みを含んで曰く、陸軍大臣大山巖は、もし警視庁員にして力足らずんば、憲兵或いは軍人を幾何にても出さんと云われたり、諸君もって如何と為すや、と。

時に景綱、警察本署次長たるをもってその席に在り、総監三島通庸の命令を聞くや否や、進み出でて曰く、意外の言を聞くものかな、吾等苟《いやしく》も職を警視に奉ず、何ぞ他の応援を要せんや、と。警察署長椎原国太、同上八木信行、同上島崎友連等、異口同音、奮って曰く、謹しんで命を聞く、吾等一死もって従事すべし、豈に他の力にこれ頼らんや、と。（景綱以為《おも》えらく、総監は大山大臣の談話ありしとき、即座に謝絶せしならん）。

これより三島総監は警察署長以上を率い警視庁に至り、これが方法を指示し、各警察署長をして各その管内に寄寓せる当該者に条例を執行せしむ。この時片岡健吉等が使嗾する決死の士五十人許り土州より出京し、もって大いに為すあらんとし、芝区兼房町なる旅館金虎館に到着すとの聞えありければ、景綱進んで曰く、某《それがし》不肖と雖も該館に向わん、と。時に三島総監これを止めて曰く、吾子は他に向うの任にあらず、宜しく当庁において自己の職務（警察本署次長）を尽すべし、と。故に止むを得ずして止まる。時に高橋高知県警

部長（仲次）、中原福岡県警部長（尚友、旧名勇左衛門）、前田一局長（利充）、林二局長（三介）、村上三局長（楯朝）、安立警察本署長（利綱）及び各方面監督等、皆その席に在り。

抑々《そもそも》人心不穏の時突然警察署長等を召集せば、世人これを怪しみ、自然大事漏洩、成功を誤るの恐れあり。故に忘年会に託してこれを令せしものならんか。庁員皆真の忘年会と思惟し、出でて始めてこれを知れるなり。景綱曽《か》つてこれを聞く、昔時天文の頃聖君と称せられし島津日新公の加世田または近郷等の城を改むるや、その守衛堅固にして利を得ざる時は、予め敵をして油断せしむるの策を運《めぐ》らし置き、彼の気弛みたる時を窺いこれを攻め取りしこと数次あり、と。蓋し三島総監のこの挙、日新公の策を襲用せしものならんか。片岡健吉等が手下に属する決死の士五十人は、金虎館に到着、草鞋を脱するのとき、警官臨みて条例を執行し、時刻万端能くその図に当れりという。これ最前より探偵の綿密周到なりし結果なるべし。

八〇、大隈伯の入閣に反対を唱えたる事

明治二十一年［一八八八］（戊子）一月、大隈伯（重信）入閣の議あるを聞く。大隈伯は改進党の首領たり。伯にしてもし入閣せば、漸次その党与を挙げ遂に政党内閣となるは、火を観《み》るより明らかなり。果して然るときは、我が国体に如何あるべきか。

抑々《そもそも》坤輿に邦国の散在するや、宛《あたか》も天空に星宿の羅列するが如くその数勝《あげ》て算《かず》うべからず。而して各々その体制あらざるはなし。然れども始終これを一にせず、或いは立君に起り神政に中して民政に終るあり、或いは貴族に始りて聯邦となり共和となるの類、その変遷実に極りなし。ひとり我が大日本帝国は始終変らず万古不変の国体を存せり。彼の国家発達の階級《ママ》たる、腕力の時代、教理の時代を経て、今や法律の時代に進歩すと雖も、未だ曽つて国体を傷けし事あらず。

［以下の「国体論」に関する神話の記述は省略する——編者］

……爾来、皇孫常に天位に在り。則ち開闢以来天子姓無く万世一系に渉らせられ、皇族神胤国県を治め、或いは品部を掌れり。臣民また神胤皇裔より別れたるものなれば、因習の久しき自ら俗を為し、君民の権利義務はなお父子の情誼におけるが如く、他諸国の威力をもって主従の別を立てし比に非ず。

それ我が大日本の国体は、素よりかくの如し、而して明治二十七年［一八九四］（甲午）日清開戦以降、天神の神霊、皇帝陛下の稜威、国体の如何等を唱道するに至り、現今の政党は政事上の重宝の如くなれども、それ以前に在っては、改進党なり自由党なりその他何等の党派を問わず、皆欧米諸洲の風を模擬し、ただ民権を主張して政府に反抗するをこれ事とし、勤王の事に至っては更にこれを唱うるを聞かず。嘗《かつ》て明治十五年［一八八二］（壬午）冬、自由党（河野広中等）の変を福島に起すや、［景綱］政党は国家に妨害あるものとして深くこれを忌嫌せり。爾来職を警視に奉ぜしが、同庁は治安の維持を掌るところにして政党の挙動如何は特に注目し、改進党は自由党（当時改進、自由の両党より盛んなるものなし）よりもその根深しと大いに憂慮するの際、その党の首領大隈伯が入閣の議あるを聞く。

ここにおいて、庁員の志ある者は皆国家のため前途の如何を憂い、各自奔走して為すところあり。景綱不肖と雖もまた出でて各大臣を歴訪せんとす。警視総監三島通庸は痛く隈伯の入閣を憂い、旧臘より諸相に意見を陳述しあるやにて、景綱が奔走の色あるを見るや、止めて曰く、吾子［貴君］必ず諸相に迫るなかれ、吾子にしてもし行かば、通庸が令したる如く思惟すべし、と。然れども景綱豈に黙止するに忍びんや、密かに総理伊藤博文、内務山縣有朋、海軍西郷従道、陸軍大山巖の諸大臣を歴訪して景綱の愚見を陳述す。皆曰く、閣議已に決しまた動かすべからず、と。当時黒田農商務大臣清隆を訪うこと前後三回に及ぶと雖も、毎《つね》に病をもって謝絶せらる。最終同家（黒田）において椎原国太（警察署長）に逢う。因って相伴うて首相伊藤博文を訪わんとす。椎原国太曰く、司法大臣山田顕義は大略同論と聞く、先づこれを訪わん、と。景綱その意に従い、倶《とも》に同氏（山田顕義）の門に至る。守者曰く、不在なり。因ってその行くところを問う。曰く、法衙［司法省の役所］の附近なる法律調所に在り、と。則ち往いて先づ景綱の名刺を通じ、もって謁を乞う。大臣山田顕義即ち出でて面す。景綱、慇懃寒暄を叙しかつ曰く、警察署長椎原国太なるもの相伴えり、乞う景綱と同じく拝謁を許されんことを、と。大臣山田顕義曰く、可なり。国太ただちに入る。これより隈伯（重信）入閣の不可なる所以を縷々陳述して、また遺すなし。大臣山田顕義曰く、足下等の言うところ到底行われ難しと、その理由を詳悉せらる。語中首相伊藤博文の事に渉る。その意、曽つて首相伊藤博文等と政事上の［九字分空白］の事もありて、今隈伯（重信）の入閣を拒まば、その約を破ると言えるものの如し。[原註1]而して終にその意を果さざりき。

（原註1）　後、三島総監と談話のときこの事を語りしに、三島総監曰く、十八年中伊藤等と約束ありと云い、動《やや》もすれば伊藤の事に渉る［は］奇怪の事なり、と。

因《ちなみ》に記す、警視庁員は大隈伯の入閣を聞き皆反対を唱え、各自諸相にその意見を述べたり。一日、警察本署長安立利綱、首相伊藤博文を訪いその意を述べければ、首相伊藤博文曰く、大隈伯の入閣は閣議既に決せり、故に総監三島通庸に相告げ、併せて反対の諸氏に通告せんことを命ぜり、足下未だこれを聞かざらば、往きて三島総監に問え、と。ここにおいて、安立利綱帰りてこれを三島総監に問う。三島総監曰く、曩《さき》に首相伊藤博文の告知ありしが、予は宮内大臣土方久元を経て聖裁を仰ぎしをもって、御裁可を待ち諸氏へ陳告せんとせり、然るに大隈伯の入閣御裁可となりしをもって、同伯の入閣に予が反対せし意見等を告げん、と。

即ち諸氏を会し、先づ奉書に記載せしものを展ぶ。これを観るに、真中の上部に内閣総理大臣三条内大臣とあり、三島総監曰く、我が日本国は未だかかる人を上位に推戴する方、人民の信用篤し、と。左右［に］稍々低く内閣大臣伊藤博文兼外務大臣、内閣大臣黒田［清隆］兼内務大臣とす。三島総監また曰く、去年首相伊藤博文出張中、諸事の奏聞に差支えあり、官吏の黜陟等執務上に就いては、主務の大臣より奏上せしと、今これ等の障碍なからんことを期し、かくの如く組織せり、と。その他陸軍大臣に山縣有朋、農商務大臣に大山巖、警視総監に品川弥二郎。

三島総監曰く、先づかくの如き更迭の按を具し、農相黒田清隆を訪い大いにその意見を陳ぶ、黒田農相曰く、事或いは可ならん、然れども予自ら各員の更迭を言い難し、卿それこれを言えと、因って通庸自ら諸相を歴訪してその意見を述べしが、事遂に行われざりし、と。

景綱多病、加うるに歳月の久しき、今その演説の什が一も記憶せず。幸いに当時同席せし警察署長宮内盛隆の筆記あり、左にその大要を摘録す。これまた遺漏なきを期せずと雖も、その大体を識るに足らんか。

明治二十一年［一八八八］（戊子）二月二日午後二時、警視総監三島通庸殿、官舎に警

察本署長安立利綱、同次長柴山景綱、消防司令長折田正介、警察署長赤羽友春、入江惟一郎、円乗谿、三村実、倉内末盛、山本正幹、八木信行、島崎友連、椎原国太、和田勇、藤崎清秋、樋脇盛苗、宮内盛隆等を召集し、告げて曰く、諸氏も知らるる如く、愈々隈伯(重信)を外務大臣に親任せられたり、元来諸氏が隈伯の入閣を不可とせられたる精神は、通庸において充分諒察なし居れり、通庸が隈伯の入閣を嫌忌せしもまた理由の在るあり、三島通庸一己の意見を建議せしものにして、諸氏とても矢張り一己の意見に止まるものと信ずるなり。

抑々《そもそも》三島通庸が意見は、去冬十二月二十八日、始めて農相黒田清隆に陳述せり、その要領は、通庸云う、今や隈伯を内閣に親任せられんと聞きしが、同伯は決して入閣せしむべきの人に非ざるなり、如何となれば、明治十四年［一八八一］(辛巳)十月、同伯が解職の時に当り、将来政府へ抵抗する等の行為は一切為さずとの誓言ありしにも拘らず、翌十五年には改進党を組織し、多数の党員を募集し、自らその首領たり、爾来政府の注目するところとなり、今に至っては漸々その主義を固うして厳然たる民間の一大政党たり、それ我が国は、恐れ多くも皇統連綿たる帝国にして、万機を聞食《きこめし》させられ、自由主義の政治を施《し》くべきに非ず、而して内閣施政の針路は確乎と成立し、また動かすべからざるなり、故に隈伯を内閣に親任せらるるは、飽くまで不可とし、これを拒まざるを得ず、これ決して隈伯その人を悪むにあらず、その所為を悪むに因るものなり、と。

黒田農相曰く、今卿が言わるるところの理由に止まらば、該伯の入閣は敢えて支障なし、と。通庸重ねて曰く、該伯を内閣に親任せられたる以上は、漸次改進党員を登用し、その勢力を得るに従い、新聞条例、集会条例は勿論、憲法の組織よりして国会の議事等に至るまで、改進自由説の行われんことを主張し、民間の同党輩これが声援を為し、施て各府県中僻阪蒙昧の人民の如き、隈伯が内閣に親任せられ自由主義の針路を取らるるは日本人民の幸福なりなどと唱道するに至るは必然なり、今日内閣諸公その人に乏しからざるは、故《ことさら》に隈伯の入閣を要せず、現内閣を、

外務大臣　陸軍大臣　司法大臣　農商務大臣

兼任伊藤博文　山縣有朋　山田顕義　大山　巌

内閣大臣伊藤博文

総理大臣三条実美　宮内大臣土方久元　大蔵大臣松方正義　元老院大木喬任

内閣大臣黒田清隆

兼任黒田清隆　西郷従道　森　有礼　榎本武揚　警視総監
内務大臣　海軍大臣　文部大臣　逓信大臣　兼任宮中顧問
品川弥二郎

かくの如く更迭せられんことを希望す、聞くが如くんば、客年伊藤首相出張中、政務の奏上に支障を来し、官吏の黜陟等執務上に就いては主務の大臣より奏聞せられしと、故にかくの如く組織を変更せり、尤も現時の内閣諸公においては直ちに奏上を為す［こと］敢えて支障なしと雖も、もし現今の組織にして隈伯の如き［ひと］入閣せば如何、彼今は則ち専横の所為なしと断言せらるるも、一たび為さんと欲すれば能わざること無かるべし、これ素より将来の事にして期すべからざるものなり、と。

黒田農相曰く、その意見或いは可ならん、然れども実際行われ難し、且つ閣員更迭の如きは予自らこれを言い難し、卿それこれを言え、と。通庸曰く、然らば則ち通庸自ら伊藤首相に述べん、と。黒田農相曰く、敢えて支障無し、と。ここにおいて伊藤首相に陳述す。伊藤首相また黒田農相と同じく実際行われ難しと言えり、通庸なお止む能わず、伊藤首相に問うて曰く、諸相に陳述せんと欲す、如何。首相曰く、聊か［も］妨げなし、と。

これより海相西郷従道を訪い意見を詳述す。西郷海相は敢えて異論なく、諸相へは通庸自ら述ぶべく、山縣内相は法相山田顕義と昵懇《じっこん》なるをもって山田法相より言い込まれんことを乞うて可ならん、と。故に山田法相を訪うて始終縷陳したり。山田法相曰く、卿の意見は可なれども、曽つて伊藤、山縣等と政事上の約束あり、今これを変ずる能わず、故に小官より山縣へは談じ難し、と。通庸曰く、然らば自ら具陳せん、と。直ちに山縣内相を訪いしが、同相においてもまた、予約のあるあり、卿の意見に対し別に異議はこれなきも、意の如く行われ難しと云う。大山巌、松方正義の両相にも述べしが、これまた行われ難しとのとの答えなり。依って去る一月三十一日まで伊藤、黒田の両相へは数十回迫りたれども、終に意見を貫徹する能わざりき。

而して昨夜十一時頃黒田農相来訪あり。曰く、隈伯の入閣已に決す、然れども卿介意なく当職をもって勉励あれ、且つ該伯の入閣に意見を呈せし諸氏へは卿能くこれを諭せ、と。また曰く、隈伯も断然現内閣の針路に背馳せざることを誓えり、と。通庸曰く、失礼ながら、昔時［足利］尊氏の如きも、始めは成し遂ぐるものに非ずとみとめ居たるに、豈に図らんや楠正成は湊川に、正行は四条畷に戦死するの不幸を見るに至る、隈伯の如きも漸々民間の人望を収め、その党員を援けて官吏と為すに至っては、如何。黒田農相曰く、必ず杞憂を懐くなかれ、また既往を咎むるなかれ、と。通庸曰く、決して安んずる能わず、と。
議論数時に渉り、二時頃に至って帰宅せり、云々。

八一、憲法発布の大典に列せし事

［明治］二十二年［一八八九］（己丑）二月十一日、憲法発布の大典あり。この時景綱は、［警視庁警察］本署次長にして本署長安立利綱等と前駆の供奉を仕れり。折田総監（編者註）諸県令と内裡の屯所に在り。利綱、景綱その末席に列す。

（編者註）　警視総監三島通庸は、明治二十一年八月塩原別荘に滞在中に倒れ、妻和歌子と急行した主治医高木兼寛、実吉安純が付添い東京へ運んだが、再び起たず十月二十三日死去した（享年五十三歳）。「鬼総監」の異名を取ったこの三島通庸の後任には、同じ薩摩出身の折田平内が発令された。

時に大臣警衛の長室田警部入り来り、総監に詣り乞うて曰く、願わくは少時く閑を得んと、玄関口人少きところに至り告げて曰く、賊文部大臣森有礼をその宅に刺す、と。総監、本署長安立を呼ぶ。景綱また従う。総監乃《すなわ》ち変を告げ、且つ言って曰く、誰かを遣してその実場を検視せしめざるべからず、と。景綱行かんことを乞う。総監曰く、足下を労するに及ばず。方面監督梅田のこれに在るを見る。梅田にて可ならん、と。即ち梅田義信をを遣す。

既にして大典の式畢《おわ》り将に出でんとす。梅田已に実場を検視し来りて、帰り口玄関のところに総監を待つ。状を具して曰く、今朝森大臣大典に列せんとて将に出でんとす。西野文太郎なる者あり、来り告げて曰く、大臣を路に要撃せんとする者あり、故をもって来り告ぐ、と。会々《たまたま》室田警部文相の邸に在り、これを聞き警部を引率し邸外に出て警戒す。時に文相将に出でんとす。侍吏西野を指し告者はこれなり、と。大臣因ってこれに言うあらんとす。西野近づき一揖し、直ちに左手に文相を捺え、右手に糸をもって袴蔽に吊したる魚刀を揮い、強く腹を突く。刀深く躰中に入る。大臣刺されしまま拳を揮って文太郎の頭を撲つこと再三、文太郎頭を背けて少しく退く。時に某馳せ来り、杖刀をもって頸及び頭を斬りこれを殺す。梅田の至るや、大臣なお隣室に在り呻吟せり、と。西野のこの挙、森大臣の伊勢の大廟に侮辱を加えしをもってなり、と。総監因って真否を景綱に糺さしむ。景綱、芝山内神宮社務所に至り、田中頼庸（前伊勢大廟の宮司たり）に面会し、これを問う。頼庸答うるに、その決して然らざるをもってす。景綱乃《すなわ》ちこれを復命せり。

この年十二月、大日本帝国憲法発布記念章を賜う。

（おわり）